SERGIO FARACO

AS NOIVAS FANTASMAS

& OUTROS CASOS

Texto de acordo com a nova ortografia.

Capa: Ivan Pinheiro Machado
Projeto gráfico, edição e editoração: Ivan Pinheiro Machado
Ilustrações: Banco de imagens L&PM Editores, iStock, Ivan Pinheiro Machado e Gilmar Fraga
Revisão: Jó Saldanha

CIP-Brasil. Catalogação na publicação
Sindicato Nacional dos Editores de Livros, RJ.

F225n

Faraco, Sergio, 1940-
As noivas fantasmas e outros casos / Sergio Faraco. – 1. ed. – Porto Alegre [RS] : L&PM, 2021.
176 p. : il. ; 21 cm.

ISBN 978-65-5666-203-9

1. Crônicas brasileiras. I. Título.

21-73211
CDD: 869.8
CDU: 82-94(81)

Camila Donis Hartmann - Bibliotecária - CRB-7/6472

© Sergio Faraco, 2021

Todos os direitos desta edição reservados a L&PM Editores
Rua Comendador Coruja, 314, loja 9 – Floresta – 90.220-180
Porto Alegre – RS – Brasil / Fone: 51.3225.5777

Pedidos & Depto. comercial: vendas@lpm.com.br
Fale conosco: info@lpm.com.br
www.lpm.com.br

Impresso no Brasil
Primavera de 2021

SUMÁRIO

Marlene / 7
Mulheres especiais / 9
Trem fantasma / 12
Destinos: um encontro marcado / 14
O burro do verdureiro / 16
Um brinco de ouro e pérola / 18
Chupim / 20
A morte anunciada / 22
O nome da rosa / 25
Poeta assassinado / 27
Metamorfoses / 30
A prédica e a prática / 32
Duas vacas / 34
O peregrino da Eurásia / 36
Flâmulas de 50 / 39
Línguas de palmo e meio / 41
Sem medo da água / 43

A Águia de Haia e o *Titanic* / 45
Meu amigo Cyro / 47
A fortuna / 49
No arco leve do vento / 51
Uma língua e outras línguas / 54
Os velhos do Brasil / 56
Desaparecidos: o guaxo / 59
Tio Jorge em Caxias / 62
A autofagia do poder / 65
Os preceitos do barão / 67
Um poeta infeliz e esquecido / 69
Tarso-metatarso-e-dedos / 71
A invenção do futebol / 73
Três vergonhas / 76
As noivas fantasmas / 78
A anã da serraria / 84
Titanic: a história incompleta / 87
Três dias de medo / 93
Os Romanov: a limpeza da chaminé / 97
Crime e castigo / 105
Titanic: o informe de Bride / 107
Combatentes da sombra / 115
A anarquia militar / 117
Meu tipo inesquecível / 120
1980: 23 punhaladas / 122
Espaços cálidos: a decifração da Venezuela / 129
Diário trivial sob as sombras / 135
Ilustres malandros do pano verde / 141
O companheiro / 153

Sobre o autor / 169

MARLENE

Em abril de 1964, ouvi Marlene Dietrich cantar num teatro de Moscou. Já tinha visto, no Brasil, *O anjo azul*, filme realizado por Josef von Sternberg em 1930, que projetara Marlene no universo cinematográfico, e quem o vira trazia viva na lembrança a imagem da bela, provocante, perversa cantora de cabaré Lola Lola, que seduz e leva à loucura e à morte o infeliz professor de literatura inglesa Immanuel Rath, representado na tela pelo ator alemão Emil Jannings.

Fui ao teatro para ver um mito, a *femme fatale* que, segundo Hemingway, podia "destruir uma rival só com o olhar e derreter um homem com um levantar de sobrancelhas", e devorara, entre outros, os atores Gary Cooper, James Stewart, Yul Brynner e Jean Gabin, e o escritor Erich Maria Remarque, e entre outras as atrizes Claudette Colbert,

Tallulah Bankhead e Dolores del Rio, a cantora Edith Piaf e a poeta Mercedes de Acosta, amante de Greta Garbo. E vi.

Com 63 anos, Marlene conservava no rosto um ríctus de devassidão e angústia, e o corte no vestido às vezes deixava descobertas as prodigiosas pernas que, nos anos 30, tinham sido consideradas as mais perfeitas do planeta. Sua voz grave, rouca, arrebatava a plateia, como se estivéssemos todos, ela e nós, num *boudoir* de suave e licencioso calor. Dela também dissera Hemingway: "Se nada tivesse além da voz, só com esta despedaçaria nosso coração". E era pouco. Cantou *Where have all the flowers gone?*, cantou *Falling in love again* (de *O anjo azul*) e muitas outras, e quando cantou aquela que seria a última, a clássica *Lili Marleen*, foi aplaudida de pé durante vários minutos e teve de voltar ao palco duas vezes para repeti-la.

Um biógrafo de Marlene conta que numa das apresentações moscovitas "houve 45 minutos de bis diante de uma plateia de 1.350 pessoas". E Marlene teria dito, aos últimos aplausos: "Devo dizer-lhes que os amo há muito tempo. A razão por que os amo é que vocês não têm nenhuma emoção morna. Ou são muito tristes ou muito felizes. Sinto-me orgulhosa em poder dizer que eu mesma tenho uma alma russa". Conta também que Marlene se enamorara da autobiografia do escritor Konstantin Pautovski. Ao saber que ele se encontrava no teatro para ouvi-la, emocionou-se, e não sabendo como traduzir seu sentimento, ajoelhou-se diante dele. E Pautovski chorou. Infelizmente, eu tinha escolhido outro dia para vê-la e não testemunhei essa cena tão tocante.

MULHERES ESPECIAIS

Na história da arte se conhecem ao menos dois casos de artistas que sucumbiram à sensação de realidade que emanava de suas obras. O mais conhecido é o de Michelangelo. Ao concluir seu *Moisés* no mausoléu do Papa Júlio II, deu-lhe mais uma pancada e mandou: "Fala!".

Adolescente ainda, Michelangelo foi levado pelo pai à escola de pintura dos irmãos Chirlandaio, em Florença, mas logo se transferiu para um estúdio de maior prestígio, o do banqueiro Lorenzo de Médicis. O mecenas viu um trabalho do

aprendiz e, intuindo-lhe os dons, acolheu-o em sua casa.
   No salão dos Médicis, onde as tertúlias, não raro, versavam literatura grega, talvez Michelangelo tenha ouvido falar de Pigmaleão, seu lendário colega de Chipre.
   Pigmaleão era solteiro e Ovídio, no poema narrativo *Metamorfoses*, comenta: "Ele as via [as cipriotas] perdidas na devassidão e, horrorizado com os vícios que a natureza deu às mulheres, vivia sem esposa, celibatário, e ninguém compartilhava de seu leito". Por isso, quis esculpir no marfim uma mulher que, à excelência das formas, somasse uma aura de castidade e pudor. Terminada a obra, tão perfeita lhe pareceu a criatura que o criador viu-se arrebatado, segundo Ovídio, pelo "fogo da paixão". Beijava-a e cria-se beijado. Acariciava-a e cria-se acariciado. Dormia ao lado dela e lhe oferecia delicados presentes: conchinhas, pedras coloridas, passarinhos, bolinhas pintadas.
   No dia da festa de Afrodite, Pigmaleão foi ao templo. "Grande deusa", suplicou, "faz com que me torne marido de uma mulher semelhante à estátua que esculpi". A deusa, pelo visto, não encontrou em Chipre nenhuma mulher casta, pois precisou humanizar a estátua.
   A fábula da dama ebúrnea inspirou dramaturgos, coreógrafos, escultores, pintores, em obras que se multiplicaram pelos séculos até a idade contemporânea, quando vieram à luz as mais enaltecidas: em 1908-9, a escultura *Pigmaleão e Galatea,* executada por Rodin, e em 1913 a peça *Pigmaleão,* de Bernard Shaw, que derivou, em 1956, com roteiro de Alan Jay Lemer e música de Frederick Loewe, no musical *My fair lady*, de grande sucesso na Broadway, e em 1964 no filme homônimo, com direção de George Cukor.

O catálogo das influências é extenso e eclético: em 1968, os psicólogos norte-americanos Robert Rosenthal e Lenore Jacobson estudaram o efeito da expectativa dos professores sobre seus alunos: se positiva, o rendimento do aluno tende a ser satisfatório. É o Efeito Pigmaleão.

Michelangelo não deprecou a intervenção divina nem foi favorecido por ela, e seu delírio teve módicos reflexos na arte dos pósteros. Se neste particular as histórias divergem, em outro convergem. É provável que o gênio toscano tenha cultivado, como o cipriota imaginário, um excêntrico ideal feminino. Tendo perdido a mãe aos seis anos de idade, tão só aos 60 voltou a sentir a ternura de uma mulher.

TREM FANTASMA

Nos anos 70 havia uma promoção do governo estadual chamada Projeto Cultur e compreendia seminários de literatura em cidades do interior do Rio Grande do Sul. Em certa ocasião realizou-se em Bagé e, entre os escritores convidados, estávamos Moacyr Scliar e eu. Combinamos ir no meu carro e numa calorosa madrugada fui buscá-lo em Petrópolis. Tempo, havia de sobra. Nosso compromisso, um encontro com o público, era às quatro da tarde.

Scliar, no dia a dia, era um profissional atarefado e sempre estava com pressa, mas outro era o homem na vilegiatura, bem-disposto conversador e não menos qualificado ouvinte. Ia nossa prosa, portanto, bem animada. O autor de *O carnaval dos animais* ofereceu-se para dirigir, de bom grado aceitei e seguimos proseando.

Deram as nove, as dez, e seguíamos proseando.

Depois do almoço, ele reassumiu o volante. Dirigia cuidadosa e serenamente, bem ao contrário do guri que, alucinado, conduzia o carrinho de Matias naquele inesquecível *Trem fantasma*, um de seus contos mais celebrados. E deu a uma, e quando deram as duas, sem que terminasse a viagem, passei a desconfiar do motorista e sugeri que tomássemos informações. Vinha um velho de bicicleta pelo acostamento e perguntei quanto faltava para chegarmos a Bagé. Bastante, disse o velho. Não pode, retruquei, deve estar aí na frente. O velho espichou o beiço para a estrada e resmungou: "Aí pra frente, até ontem, tava São Gabriel". Começamos a voltar.

Aquilo já me cheirava a uma nova versão da história de Matias e eu me perguntava se teríamos de enfrentar, como o Matias, uma bruxa velha, um esqueleto, um cavalheiro na forca e duas damas apunhaladas.

Mas o resto da viagem transcorreu em paz e à meia tarde chegamos a Bagé, a tempo de participar do final do encontro. No palco havia uma grande mesa, à qual nos sentamos, e logo um cidadão desconhecido acocorou-se atrás de nós, dando um aviso: vedavam-se os comentários políticos, pois havia familiares do General Médici na plateia. Pouco depois, quando mencionei, de passagem, o supérfluo que era o livro, num país em que as pessoas, na maioria, não dispunham do mínimo necessário para uma existência digna, o mediador me cassou a palavra, observando que não estávamos ali para debater aquelas questões e sim as estritamente literárias. Foi muito aplaudido.

Era outro o trem-fantasma nos anos 70.

DESTINOS: UM ENCONTRO MARCADO

1. RESUMO

A lenda oriental conhecida como *Encontro em Samarra* é reputada, em suas múltiplas versões, uma das mais perfeitas narrativas da ficção universal, ao reproduzir com argúcia, expressividade e concisão o embate entre a vida e a inexorabilidade da morte. Diz-se que o registro original vem do *Talmud da Babilônia*, chamado Tratado de Sucá, literatura judaica compilada no século VI. Adiante, tornou-se uma das histórias das *Mil e uma noites*. Até o século XIII, o relato atinha-se ao Oriente, mas nos anos 20, depois de Jean Cocteau evocá-lo numa novela, sobrevieram versões em pandemia. Em 1933, apareceu aquela que seria a mais divulgada, no final do 3º ato da peça *Sheppey*, de Somerset Maugham, e daí ganhou autores norte-americanos, franceses, espanhóis, até vestir em 1995 o charme de um Nobel, com Gabriel García Márquez. São dezenas, talvez centenas de reproduções. A seguir, outra, esperando que a perda do encanto seja compensada pela síntese.

2. ENCONTRO EM SAMARRA

Em Bagdá, um criado disse ao amo que vira a Morte no mercado e ela o olhara de modo ameaçador. Pediu--lhe um cavalo e fugiu para Samarra, onde a Morte não o encontraria. O amo foi ao mercado e, vendo a Morte, perguntou-lhe por que olhara daquele modo para seu criado. A Morte respondeu que seu olhar fora de espanto ao vê-lo em Bagdá, pois tinha um encontro marcado com ele, naquela mesma noite, em Samarra.

3. A MORTE DE HESÍODO

Esta lenda parece ser um traslado da morte do grego Hesíodo. Após ter assistido a um funeral na ilha de Eubeia, o poeta estabeleceu-se em Enêon, na Lócrida, e ali seduziu a filha de seu anfitrião. No livro *Certame*, que se atribui ao sofista Acidamante, conta-se que os irmãos da moça mataram Hesíodo, lançando-lhe o corpo no Estreito de Euripo, entre a Lócrida e a Eubeia – o mesmo lugar do Mar Egeu em que morreria Aristóteles. Ora, antes de instalar-se em Enêon, Hesíodo esteve em Delfos, para consultar o oráculo, e foi aconselhado a se afastar do bosque de Zeus Nemeu, pois a Morte lá se achava à sua espera. Hesíodo pensou que a Nemeia fosse uma região do Peloponeso e tratou de evitá-la, dirigindo-se à Lócrida. Para sua desgraça, era justamente no país dos lócrios que se situava o santuário de Zeus Nemeu. Tentando livrar-se da Morte, lançou-se em seus braços, tal como narra o incerto Acidamante, com a honrada confirmação de Tucídides. Hesíodo, vejam só, também viajou para Samarra.

O BURRO DO VERDUREIRO

A fonte é confiável, um alegretense que, nos anos 1949-52, cursava Engenharia em Porto Alegre e residia na Casa do Estudante, na Rua Riachuelo. Também morava ali o poeta Décio Frota Escobar, boêmio cujas noites eram consumidas em reinações na Praça da Alfândega ou naquela zona da cidade que se convencionou chamar Volta do Mercado. Em suas andanças, tinha um fiel companheiro, o não menos desregrado Mario Quintana.

Em certa madrugada, após render intensa homenagem ao deus das videiras, deparou-se a dupla com um burro que escapara da carroça de um verdureiro. Os poetas improvisaram um buçal e, laboriosamente, um puxava, outro empurrava, conseguiram levá-lo à Casa do Estudante, soltando-o no pátio interno, como a denotar que ali era o lugar dos burros, de duas ou quatro de patas. Depois, Quintana foi dormir no quarto do parceiro, como costumava sempre que farreavam.

Pela manhã os estudantes toparam com aquele despautério e um enigma: como o burro entrara? Uma breve sindicância identificou os pândegos. Este episódio teria ocorrido por volta de 1950. Décio tinha 27 anos e já publicara um livro de poemas pela Editora Globo, *Rua Sul*. Quintana, por sua vez, era já autor de uns quantos: *A rua dos cataventos* (1940), *Canções* (1946), *Sapato florido* (1947) e *Espelho mágico* (1948), pela mesma editora, e tinha nada menos do que 44 anos. Era um Dom Fulgêncio, o homem que não teve infância.*

Na idade madura, e depois que passou a abominar o álcool, Quintana ajuizou-se, embora de quando em quando estuasse nele a linfa patusca do condutor do burro. Já era um grande poeta, tornou-se ainda maior.

Décio, ao contrário, não se emendou, compelindo suas aventuras a mais graves e impróprios limites. Antes desse episódio, já estivera envolvido num crime de morte em Belo Horizonte, denunciado mais tarde por sua própria esposa – foi absolvido em segunda instância, em 1953** –, e em abril de 1969 foi assassinado no Rio de Janeiro por três *midnight cowboys*. Na época, era adido cultural na Embaixada do Brasil na Bolívia. Sua carreira nas letras, relegada a um segundo plano, infelizmente não chegou a prosperar.

---

* O personagem Don Fulgencio foi uma criação do argentino Lino Palacio nos jornais *La Prensa* e *La Razón*, em 1936, uma tira que, mais tarde, passou a ser publicada em diversos jornais brasileiros. "El hombre que no tuvo infancia" era um sujeito sério, bem-vestido, de atitudes infantis.
** v. MORANDO, Luiz. *Paraíso das maravilhas: uma história do Crime do Parque*. Belo Horizonte: Argumentum, 2008. 328 p.

Um brinco de ouro e pérola

Em 1934, Leonard Thompson, proprietário de um parque de diversões na cidade litorânea de Blackpool, na Inglaterra, convidou Marlene Dietrich para visitar seu negócio. Era um investimento em publicidade, que decerto foi compensador. Passados quatro anos de *O anjo azul*, que a catapultara no universo hollywoodiano, e tendo nesse curto período estrelado outros cinco filmes, Marlene estava no ápice da fama e era reputada a mais glamorosa atriz do cinema internacional. Sobre ela escrevera o jornalista inglês James Agate: "Ela faz a Razão cambalear em seu trono".

Marlene flanou pelo parque e fez questão de experimentar as emoções da montanha-russa. Mais tarde, descobriu que perdera um brinco de ouro e pérola pelo qual tinha grande apreço. Aborrecida, escreveu uma carta ao sr. Thompson, pedindo que procurasse a peça. Ora, o parque ocupava uma área de 16 hectares e, de resto, era impossível achar alguma coisa debaixo da montanha-russa, que fora instalada sobre um lago.

Pouco depois, em abril, Marlene retornou aos Estados Unidos, e as alegres companhias a bordo do *Île de France* atenuaram seu desgosto. Ela foi convidada para a grande mesa do salão de jantar do navio. Ao descer a escadaria, atraindo todos os olhares para os sortilégios de sua sensualidade, ela estacou. Supersticiosa, tinha contado em voz baixa as pessoas que a aguardavam. Eram doze, evidência de que aquela seria uma mesa de treze comensais, um número ominoso. Rapidamente deu meia-volta, mas alguém lhe bloqueou a escapada. Era um homem de bela estampa, bons músculos e ombros largos, que lhe disse, adivinhando seus pensamentos: "Não se preocupe, Miss Dietrich, eu serei o décimo quarto". Marlene acabava de conhecer Ernest Hemingway.

Em 2007, o lago do parque foi drenado para favorecer uma obra e os operários encontraram inúmeros objetos perdidos na montanha-russa: vários óculos, uma peruca, três bonecas, chapéus, cachecóis, um capacho, 85 libras em troco miúdo e até um sutiã, além daquele brinco de ouro e pérola, identificado através de fotos. Pena que Marlene não pôde vê-lo. Ela falecera às três horas da tarde do dia 6 de maio de 1992, com 90 anos, em seu apartamento à Rua Montaigne, em Paris, dias antes de ser homenageada no Festival de Cannes.

CHUPIM

Temos algumas árvores em nosso pátio. Na primavera, aninham na ramaria muitas espécies de pássaros, sobretudo os sabiás. As cambacicas, aqui no Sul conhecidas por sebinhos, preferem a casinhola que pendurei sob um beirado, ao passo que os tico-ticos costumam procriar num recanto atufado de bambu-chinês. Vez por outra, o vento que sopra do rio sacode a galharada e um filhote vem ao chão. Já salvamos alguns, lembro-me de uma andorinha que encontramos durante a chuva, estatelada numa poça d'água.

Na última primavera, uma fêmea de chupim pôs seu ovo no ninho de um tico-tico. O chupinzinho nasceu, logo começou a dar-se ares e era uma graça vê-lo no gramado, a bater asas e abrir o bico quando a diligente mãe adotiva, com a metade de seu tamanho, vinha trazer-lhe a comidinha. "Que folgado", eu dizia. Estando sempre à vista, ganhou um nome ligeiramente óbvio: Chupim. Crescia e, embora já se abalançasse a mais ousados voos, aquerenciou-se. Se cruzava a rua, visitando o terreno baldio e macegoso que havia defronte, ou se explorava o matagal ao lado, sem demora regressava, acompanhando a passarinha a curta distância.

Um dia, exaurida, quem sabe, a mamãe desapareceu. E como Chupim, aparentemente, não compreendera as lições recebidas na língua dos tico-ticos, e andava de cá para lá meio perdido e todo arrepiado, coloquei uma tigela num cepo e diariamente o abastecia com alpiste ou painço, que ele partilhava com as rolinhas-picuí. Pude notar, então, que o via próximo de mim com demasiada frequência. Ao irrigar as folhagens, às vezes o molhava. Ao aparar a grama, precisava cuidar para não atropelá-lo, pois nem o ruído da máquina o assustava. Espantava-o, ele voltava. Cheguei a suspeitar de que seu interesse era pelos insetos que o corte desvelava, mas se me sentava no chão para descansar, dava com ele ao alcance da mão, parado, olhando-me.

Em certa manhã de fevereiro, não o encontrei no horário em que costumo trabalhar no jardim. Nos dias seguintes, também não. Não sei o que lhe aconteceu, Chupim era tão confiante, mas suspeito de que percebeu que eu era diferente dele e saiu à procura de outra mãe. Ou talvez tenha ido para o Morro do Osso, que se enxerga de meu pátio, na perseguição de sua amada. Porém, sabe meu coração que ainda hoje lhe sinto a falta e a cada manhã o procuro na tigela entre as rolinhas.

A MORTE ANUNCIADA

DEATH OF MAXIMILIAN.

Num boletim de 1980, a Anistia Internacional denunciou locais em que se confinavam e torturavam presos políticos na Argentina. Além das injúrias do corpo, as da mente, que podiam traumatizá-los e até enlouquecê-los. Um dos suplícios era o do pelotão de fuzilamento. O preso era informado da condenação à morte e conduzido, de algemas e olhos vendados, ao sítio da execução, em manobra esmerada, lenta, solenizada por gritos de comando, passos marciais e ruído de armamento. No último instante suspendia-se o ato, e o condenado regressava à vida com uma *capitis diminutio* em sua condição humana. Atrocidades que tais só encontram paralelos em tempos sombrios da história das nações.

Em dezembro de 1828, uma plêiade de russos rebelou--se contra o governo, exigindo uma constituição, igualdade e mais liberdade. Nicolau I subjugou os Dezembristas e passou a exercer implacável controle sobre a vida política e cultural do país, através de censores e de sua polícia secreta. Na época, havia em São Petersburgo vários grupos de intelectuais e um deles se reunia, às sextas-feiras, na casa de um abastado jovem de nome Mikhail Petrashevski. Discutiam as obras dos socialistas franceses Fourier e Saint-Simon e do galês Robert Owen, recitavam poemas de Pushkin e liam artigos de jornalistas de vanguarda. Um dos frequentadores era o futuro autor de *Crime e castigo*. A 23 de abril de 1849, Dostoievski e outros membros do grupo foram encarcerados na Fortaleza de Petropavlovski e condenados à morte. A 22 de dezembro, na Praça Semionovski, tiveram de vestir a alva da execução e beijar o crucifixo. Os três primeiros foram amarrados a postes – Dostoievski era o sexto –, rufaram os tambores e só então alguém leu uma ordem do tzar, comutando a pena de morte em 8 anos de servidão. Dostoievski ainda seria um grande escritor, mas essa comoção agravou sua epilepsia, cujos primeiros sinais tinham aparecido antes da sentença.

Farsa parecida foi montada no Rio de Janeiro para os conjurados de Minas Gerais, sentenciados à pena capital na madrugada de 18 para 19 de abril de 1792. Frei Raimundo da Anunciação Penaforte, um dos religiosos que confortaram os onze condenados, legou-nos impressionante relato de duas noites no oratório da cadeia, quando aqueles infelizes promoveram cenas que iam do mais digno desespero à mais deprimente vilania. Foi então que o Desembargador Sebastião Xavier de Vasconcelos Coutinho mandou juntar aos autos um papel que trazia no bolso, a Carta Régia de Piedade, que para dez dos onze representava a salvação. E a nota mais torpe: a carta fora passada por D. Maria I quase dois anos antes.

O NOME DA ROSA

Talvez você duvide se eu disser que minha filha maior, tendo falado aos nove meses, com menos de dois anos aprendera o nome de uma dúzia de autores e o título da obra cardeal de cada um. Aquele francês, Dumas, o que escreveu? *Os três mosqueteiros*, por certo trocando o erre pelo ele e outros encantos de sua incipiente oralidade. E não era só. Se tentasse embaraçá-la, garantindo que a *Divina comédia* fora escrita por Montesquieu, ela me corrigia com pacienciosa inflexão, não, pai, foi Dante, Montesquieu escreveu *O espírito das leis*. E ainda não era só. Da janela de nosso apartamento, na Avenida Protásio Alves, víamos um sobradinho no outro lado da rua. Eu perguntava quem morava lá e ela sabia: Armindo Trevisan, ele escreveu *A surpresa de ser*. Quando passávamos pela Rua Felipe de Oliveira, ela também sabia quem era o morador, embora às vezes incorresse em ligeiro engano: era Erico Verissimo, mas também podia ser *O tempo e o vento*. Não duvide, nossos diálogos estão gravados.

Aos três anos, a lista subira para 30 autores e livros. Em Alegrete, numa revenda de automóveis, o funcionário tomou-a nos braços. Essa neném já fala? Se ela fala? Vamos ver. Quem escreveu o *Quarteto de Alexandria*? E ela, de pronto: Lawrence Durrell, já pronunciando corretamente o erre. O turco – porque o cidadão era um turco – levou um susto e por pouco não a derrubou.

Um dia, no entanto, confundiu-se, e a mãe reclamou, receando que aqueles exercícios pudessem prejudicar a criança. Parei. E prejudicada ou não, a futura médica neurologista começou a se esquecer de seus (meus) autores favoritos.

Em 1976, num domingo – tinha ela seis anos –, passávamos de carro pela Rua Felipe de Oliveira e vi Mafalda Verissimo regando as plantas de seu jardim. Estacionei e desci para cumprimentá-la. Perguntou pelas minhas meninas e quis vê-las. Estando ao lado da mulher daquele homem que já nos deixara e eu tanto admirava e estimava, apressei-me a lhe demonstrar que o nome de Erico, em nossa casa, estava gravado até na memória das crianças. Filhinha, perguntei, quem morava nesta casa? E ela, mui faceira: Monteiro Lobato.

No fundo ela acertou, não é?

Que importa um nome, exclama a mais afamada heroína de Shakespeare. Lobato, como Erico, era um grande escritor. Naquela casa morava, e mora ainda, a literatura, e o que chamamos rosa, continua Julieta, com outro nome não teria igual perfume?

POETA ASSASSINADO

O poeta santa-mariense Ernani Chagas escrevia versos em mesas de cafés e, ao publicá-los na imprensa, assinava-os com pseudônimos, sobretudo o de Ricardo Severo. Em vida, não publicou livro algum. Não surpreende, então, que seu nome seja desconhecido até pelos conterrâneos. Após sua morte, os irmãos Eurico e Emir reuniram-lhe os poemas e outros escritos num volume para o qual escolheram um título óbvio, *Livro póstumo* – Porto Alegre: Livraria do Globo, 1935.

    O volume traz a foto de Ernani, tirada no jardim da casa. De terno escuro e gravata, sentou-se na cadeira e cruzou as pernas. Os braços também estão ligeiramente cruzados e, na mão esquerda, entre o indicador e o médio, um cigarro. Calça borzeguins. Atrás dele, parte do jardim, uma porta e três venezianas abertas. Ele olha diretamente para a lente e sua fisionomia é tranquila, suave, mas atenta.

Ernani nasceu em 7 de outubro de 1898, em Santa Maria, filho de Bento Gonçalves Chagas. Trabalhava com o pai e irmãos em estabelecimento rural e desenvolvia intensa vida social. Durante alguns anos foi presidente de um clube esportivo, o Tamandaré. Era colaborador do jornal *O X*, com pequenas crônicas e poemas. Caricaturista, aquarelista, músico – tocava piano e gaita –, era tido como alguém que cativava pela generosidade. E era brincalhão. Costumava fazer caricaturas dos amigos, para depois enviá--las pelo correio.

Morreu aos 22 anos, assassinado.

Em edição de 20 de abril de 1921, o jornal *Diário do Interior* reconstitui os episódios que resultaram no crime.

Três dias antes, no Club Forasteiros, à Rua Coronel André Marques, Ernani e seu amigo Olmiro Antunes tiveram uma discussão por causa de uma mulher, Herocilda Moreira, e o poeta foi agredido com um soco. No dia seguinte ele procurou Olmiro, encontrando-o às 21h na loja do sr. Ângelo Bolsson, à Rua Silva Jardim, e o chamou com um aceno. Altercaram novamente e Ernani esmurrou Olmiro, que sacou uma Browning 32 e disparou três vezes. Foi preso em flagrante.

Ernani teve ferimentos na região occipital, na coxa e no tórax, na altura da oitava costela. Esta bala, acrescenta o jornal, "atravessou o diafragma, lesou o estômago e perdeu-se na cavidade abdominal". Hospitalizado, o poeta não resistiu, falecendo às 22h15min do dia 19 de abril. O sepultamento ocorreu no dia 20, às 15h.

Os dois rapazes eram pessoas bem relacionadas, o crime causou grande consternação em Santa Maria. Todos os jornais citadinos se ocuparam do episódio, entre eles *O X*, que se esmerou em homenagens ao seu colaborador, inclusive com um texto de Aureliano de Figueiredo Pinto, mais tarde aproveitado como introdução no *Livro póstumo*.

Após a missa de trigésimo dia, os amigos organizaram uma romaria ao cemitério, partindo do Café Guarany em autobonde, e o jornalista Sady Lisboa depositou no túmulo do poeta um ramalhete de flores e um exemplar de *O X*, conforme a edição de 29 de maio do mesmo jornal.

Olmiro, por sua vez, não pôde conviver com o remorso. Às 19h do dia 27 de dezembro de 1922, suicidou-se por envenenamento.

METAMORFOSES

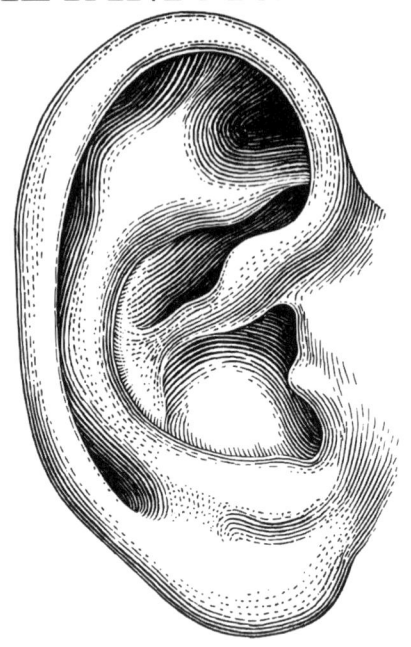

Primeiro, foi a audição. Não querendo aceitar que era a velhice chegando a passos largos, costumava me perguntar se a progressiva *incapacidade* do ouvido não seria, antes, um merecido castigo. Um dos meus tios-avôs usava aparelho auditivo. Quando eu era menino, falava com ele movendo os lábios sem emitir som algum, e meu pobre tio, aborrecido com a suposta inoperância do aparelho, metia a mão dentro da camisa para lhe aumentar o volume.

Não era castigo, não.

Depois foi a memória que começou a claudicar. Meu primeiro tropeço foi esquecer o nome do autor de *As metamorfoses*, obra que li mais de uma vez, e estando longe de casa – ainda não havia o telefone celular –, tive de me exasperar com o esquecimento até dar com alguém que me acudisse. Se no futuro tiver de usar expedientes para suprir tais lacunas, ao menos já identifiquei aquele que salvará o nome do romano Ovídio. Devo pensar em Sia Balbina.

Houve um tempo em que Mario Quintana voltou a residir no Alegrete, na casa do cunhado Átila Leães. Teria sido no final dos anos 40 ou início dos 50, ele estava traduzindo um dos primeiros tomos de *Em busca do tempo perdido*. Aliás, diz-se que trabalhava na máquina de costura de sua irmã, Marieta. Não vem ao caso, mas diz-se também que tão concentrado estava em suas versões de Proust que andou engolindo botões de camisa ao confundi-los com seus comprimidos.

Fake news.

Foi nesse período que Quintana recebeu a visita de Ovídio Chaves, o quase esquecido poeta e letrista de inúmeras canções. Enquanto conversavam, Sia Balbina, a negra velha, serviu café com bolo de cenoura e ouviu repetidos elogios do visitante àquela gostosura que ela preparara. Não o esqueceu. Dias depois, perguntou a Quintana:

– E aquele seu amigo, quando vai voltar?

– Qual amigo? – estranhou o poeta.

E Sia Balbina, aplicando sua própria concepção de metamorfose, prontamente o identificou:

– Aquele que tem nome de orelha.

Já se vê que de Ovídio não me esquecerei jamais. Desde que me lembre de Sia Balbina, claro.

A PRÉDICA E A PRÁTICA

Um dos protagonistas da história papalina é um quase desconhecido pontífice que, ó raridade, primou pelo nexo entre o público e o privado.

Leão VIII, cujo papado se iniciou em 963 e se encerrou com sua morte dois anos depois, era esperto demais para ser convicto e foi autor de uma frase que garante, quando menos, seu ceticismo: "Como é útil essa fábula divina". E era um desavergonhado. Seu papado coincide com os últimos anos do período que os críticos da igreja chamam Pornocracia. Tamanho era o poder das barregãs vaticanas que avocavam o direito de escolher o titular da cadeira de São Pedro. João X era filho de uma delas, Marósia, amante de um papa anterior, Sergio III. Não foi em vão que, em 1555, o colega Marcelo II escreveu em suas memórias: "Dificilmente um papa escaparia do Inferno".

Esse Leão VIII teve uma invejável vida e uma não menos invejável morte, tanto quanto pode sê-lo o adeus a este jardim de delícias. Como Átila, o Huno, como o presidente francês Félix Faure e o nosso Gaspar Silveira Martins, morreu fornicando. Morreu feliz ou, no mínimo, mais feliz do que Newton, Kant ou Bernard Shaw, que foram desta para a pior sem ter fruído os mimos de um corpo de mulher.

Despachou Leão VIII alguma carta doutrinária? Que se saiba, não. Seria um problema se recomendasse algo aos fiéis e, na intimidade, desse um piparote no discurso. Ao contrário, pontificou e morreu devasso, como outros papas de sua época.

Quanta coerência!

Bons tempos, bons papas.

E os de hoje?

Pouco depois da expedição da encíclica *Humanae vitae* (1968), que vedava aos católicos o emprego de qualquer forma artificial de controle da natalidade, descobriu-se que o Instituto para Obras Religiosas, leia-se Banco do Vaticano, era acionista da indústria química Serono, que fabricava, entre outros produtos, pílulas anticoncepcionais – deu na revista *Veja*, em 2 de julho de 1980, notícia depois confirmada pelo portal jornalístico da *Deutsche Welle*. Mais tarde, soube-se que a fazenda pontifical andava reembolsando as despesas de seus funcionários com as mesmas pílulas – deu no jornal *O Estado de São Paulo*, em 23 de março de 1982. A discrepância entre a prédica e a prática parece ter sido uma invenção do século xx.

DUAS VACAS

Quando estive na Academia Brasileira de Letras, em 1999, para receber uma distinção, fui apresentado a um acadêmico que sempre admirei, o economista Celso Furtado. Ele disse que lera o livro premiado e até votara nele, mas que para fruir a primeira parte, dos contos fronteiriços, era preciso ter à mão um compêndio de termos regionais. Ocorrendo-me no ato que, para ler Jorge Amado, Guimarães Rosa, José Lins do Rego ou Mário Palmério, ninguém reclamava dicionário, deixei escapar uma destemperada réplica: "Para ler as outras partes o Aurelião lhe basta". Chocado, ele pediu licença e se afastou.

Até hoje me arrependo dessa, digamos, rusticidade, e mais ainda por me capacitar de que o desconhecimento do vocabulário campeiro, de nossos costumes e outras tipicidades, afeta não só os brasileiros em geral como os rio-grandenses citadinos, sobretudo os metropolitanos, que parecem mais à vontade com a linguagem e as idiossincrasias da classe média do Rio de Janeiro, conforme as reproduzem as novelas.

Nada contra o Brasil, um país amigo. Essa desarmonia entre os patrícios e a pátria gaúcha costuma me lembrar dois antigos episódios que não provam nada e nem ao menos são sérios, mas que posso fazer se é regra me acudirem?

Nos primeiros anos 50, eu era aluno interno em Porto Alegre e no final do ano convidei um colega para passar as férias no Rancho Grande, a fazenda de meu avô materno, em Itaqui. Ele veio de ônibus até um lugar chamado Quatro Bocas, não longe da Vila do Bororé, onde o peão, com a jardineira, foi esperá-lo no último alambrado. E nada de voltar. Já entardecia quando a jardineira finalmente apareceu, trazendo a visita e a explicação: andavam à procura da mala. O ônibus passara antes da hora. Não vendo ninguém, o menino pulara a cerca e se adiantara campo adentro. A mala era pesada e então a abandonara, marcando o lugar: ao lado de uma vaca. Bem, a vaca tinha caminhado, a mala não, e só foram encontrá-la no dia seguinte.

Era apenas um menino, decerto.

Quinze anos depois, eu era Chefe de Secretaria de um órgão judiciário em Uruguaiana, e entreguei ao Oficial de Justiça um mandado para que procedesse a uma penhora em estabelecimento rural do município. Ele o cumpriu, certificando ter penhorado os seguintes bens: uma vaca marrom, deitada, e duas terneiras da mesma cor ao seu redor. Não ficou esclarecido se a segunda terneira era gêmea, adotada ou estava ali só de visita.

O PEREGRINO DA EURÁSIA

Nos anos 80, em Tóquio, o Grêmio tornou-se Campeão Mundial Interclubes. Na mesma década, o Internacional viveu um de seus momentos de fastígio. Representando o Brasil nas Olimpíadas de Los Angeles, foi vice-campeão num certame de seleções nacionais. Outro grandioso capítulo de sua história foi em 2006, quando conquistou o Campeonato Mundial de Clubes Fifa, em Yokohama. Nessas jornadas, inscreveram ambos o Rio Grande no brasonário do futebol universal, mas tal nobreza, embora muito deva, em sua linhagem, aos rapazes do Sul que, em 1956, trouxeram do México o título pan-americano, deve tanto ou mais à turnê do Cruzeiro nos idos de 1953-4, que foi mais do que uma viagem esportiva. Pode-se dizer, antes, que o Cruzeiro encenou uma epopeia.

    O Esporte Clube Cruzeiro foi fundado em 14 de julho de 1913. Jamais montou uma esquadra de projeção nacional e só uma vez, em 1929, sagrou-se campeão gaúcho. Essa inapetência regional se explica: o clube das cinco estrelas estava predestinado a outros e mais altos firmamentos. Em 1953, era seu presidente Antônio Pinheiro Machado Netto. Seu treinador, Osvaldo Rolla, o Foguinho. Quando o jovem presidente declarou que contratara uma excursão para mundos d'além-mar, muitas pessoas desconfiaram da veracidade da notícia. Em outubro, patenteando--se que o Cruzeiro partiria, imprensa e público reagiram com escândalo – o nosso futebol representado na Europa e na Ásia por uma equipe de segunda linha, com sofrível desempenho no campeonato metropolitano... Desacreditado, partiu o Cruzeiro via aérea para o Rio de Janeiro e ali embarcou no transatlântico *Júlio César* rumo ao Velho Mundo.

Três meses depois, a 28 de janeiro de 1954, a cética Porto Alegre se engalanava para recebê-lo de volta, e o prefeito Ildo Meneghetti subia a escada do avião para entregar a Pinheiro Machado Netto as chaves da cidade. Desfilava o onze alviazul em carro aberto, sob uma chuva de papel picado e as aclamações do povo nas sacadas, trazendo o cartel de seis vitórias, cinco empates e apenas três derrotas. Cumprira a mais longa temporada de um clube brasileiro no exterior, fora o primeiro gaúcho a atravessar o Atlântico, o primeiro brasileiro a se apresentar em Israel e a percorrer, numa só excursão, Espanha, França, Itália, Suíça e Turquia, além de ser também o primeiro a passar pelos gramados da Suíça, Espanha e Itália sem conhecer derrota, enfrentando poderosos adversários como Real Madrid, Torino, Lazio, Desportivo Espanhol e uma seleção helvética.

O Cruzeiro foi à Europa embarcado no *Júlio César* e regressou no *Augusto*, nomes apropriados, afinal, para quem protagonizava atos dignos de um anfiteatro romano.

Hoje o Cruzeiro deixou Porto Alegre e, com a construção da Arena Cruzeiro em Cachoeirinha, tenta reencontrar seus antigos caminhos, mas quem ama o esporte em geral, o futebol sulino em particular e, sobretudo, o Rio Grande, sabe, em seu coração, que a glória do Cruzeiro continua de pé e está presente a cada vez que um atleta gaúcho, em qualquer continente, veste a blusa colorada ou tricolor de nossos grandes clubes.

FLÂMULAS DE 50

Um dia meu pai, já muito idoso, entregou-me um envelope com papéis que me diziam respeito e ele guardava desde os anos 50. Entre eles, as prestações de contas do educandário porto-alegrense em que fui aluno interno. Espiolhando esses registros arqueológicos, constato que recebia de meu pai, através da tesouraria, 25 cruzeiros de mesada, e agora lembro que invejava um gordo que ganhava 100. Informa ainda a papelada que, em junho de 1955, fiz um retiro espiritual na Vila Manresa e que, para rezar, confessar, comungar, permanecer um fim de semana sem abrir o bico e ter minha caixa de fotografias furtada, meu pai desembolsou 105 cruzeiros. Nas noites de sábado, os internos éramos obrigados a ver um filme, e meu pai pagava por isso. Impressiona-me, sobretudo, o item Farmácia, uma babilônia, donde suponho que, naquele ano, a santidade afetou minha saúde. Isso sem falar na fortuna semestral por um item de meu consumo que não imagino o que seja e se chamava Flâmulas.

São enigmas prescritos que só servem para alimentar meu fossilismo. Um deles, contudo, ainda me intriga. Os boletins de desempenho eram de diversas cores: encarnado (excelente), verde (muito bom), azul (bom), amarelo (sofrível) e branco (mal). Meu 17º Boletim Semanal, expedido em 11 de setembro de 1955 pelo Irmão Claudino, regente da 3ª Série Ginasial, foi encarnado: Comportamento – 10 / Aplicação – 10. Não me foi confiado, como era a praxe, mas remetido para Alegrete. No verso, o prefeito da Divisão dos Médios escreveu a seguinte mensagem: "Prezado sr. Humberto Faraco: tenho o pesar de comunicar-lhe que seu filho Sergio não está aproveitando dos estudos. Se ele continuar assim, compromete seriamente o resultado final. Tomo a liberdade de fazer-lhe um pedido, na próxima carta formular enérgicas recomendações para que ele volte a estudar. Grato. Irmão Florenciano, em 15 de setembro de 1955".

Verifica-se um paradoxo conceitual entre os ilustres religiosos, mas estou propenso a crer que houve um engano no preenchimento do boletim: para ganhar aquelas notas no dia 11, só se tivesse sentado no colo do Irmão Claudino, e isto, se bem me lembro, não chegou a acontecer. Então devo concluir que o Irmão Florenciano, quatro dias depois, foi o arauto da verdade, de modo que entendo perfeitamente seu desafogo no final do ano, após anunciar que eu tinha sido expulso do colégio. À janela do dormitório, no segundo andar, esperou que eu apontasse na porta principal de malinha em punho e, lá de cima, jogou meu colchão na rua. Não estou me gabando.

LÍNGUAS DE PALMO E MEIO

O gênio militar do grande rei macedônio, sua invencibilidade nas batalhas e o magnetismo pessoal que empolgava 40 mil soldados ofuscaram aspectos notáveis e pitorescos de seu intelecto, como a presença de espírito, ou de sua índole, na intimidade folgazã e sarcástica.

Depois de impor fragorosa derrota ao exército da Pérsia, em Isso, e enquanto atacava Tiro, no Levante, Alexandre recebeu mensagem do soberano persa com uma proposta de rendição: Dario lhe entregava todas as terras a oeste do Rio Eufrates e mais 10 mil talentos. Alexandre reuniu o estado-maior para apreciar tais condições. Seu general, Parmênio, aconselhou: "Eu aceitaria a oferta, se fosse Alexandre". O rei, que só admitia a rendição incondicional, retrucou com uma de suas mais famosas frases: "Eu também aceitaria, se fosse Parmênio". Tinha apenas 23 anos.

Em Gaugamelos, tornou a vencer Dario. Em meio à batalha, chegou-lhe um emissário com um recado de

Parmênio: precisava de auxílio, o flanco sob seu comando tinha cedido ao ponto de perder a bagagem da tropa. Alexandre mandou o soldado de volta: "Diga a Parmênio que, se vencermos, teremos a bagagem do inimigo, e se perdermos, todos os homens corajosos estarão mortos".

Nesse meio tempo, o general que permanecera no comando militar da longínqua Macedônia, Antípatro, vencia os espartanos, que não participavam da aliada e submissa liga das cidades gregas. Orgulhoso, enviou um despacho ao rei, relatando o feito. Alexandre leu e comentou para os íntimos: "Parece que, enquanto conquistamos o Oriente, houve na Arcádia uma batalha entre sapos e ratos".

Seus comentários escarninhos não poupavam nem a família. Aquele Antípatro, na capital macedônia, não se entendia com a rainha-mãe, Olímpia. Ambos escreviam regularmente a Alexandre, com mútuas queixas. O general a acusava de interferir em questões de sua alçada e ela lhe censurava a arrogância. Em Susa, já de retorno da aventura na Índia, Alexandre recebeu novas cartas de ambos, e ao ler a da mãe reclamou: "Ela exige um caro aluguel pelos nove meses".

Morreu pouco depois na Babilônia, aos 32 anos e oito meses, em 28 de junho de 323 a.C., de uma súbita febre. Na Macedônia, correu o boato de que fora envenenado por um pajem, a mando de Cassandro, filho de Antípatro. A receita teria sido aviada por Aristóteles, para vingar o sobrinho Calístenes, que seu ex-pupilo mandara matar. Era a versão de Olímpia, cuja língua era tão comprida quanto a de seu filho.

SEM MEDO DA ÁGUA

À s vezes me perguntam por que, sendo um ficcionista, escrevo livros que, progressivamente, afastam-me da ficção. Minhas esquisitices, segundo um amigo. Se respondo que tais livros derivam do fascínio que sobre mim exercem certos temas, a resposta está certa, mas é incompleta. Há também outros componentes indutivos. Como no livro sobre o *Titanic*: além do fascínio, concorreram os sobressaltos e os pesadelos que me aturdiam sempre que evocava as vicissitudes do naufrágio.

    Minha mãe me contou a história desse calamitoso vapor quando eu tinha sete ou oito anos. Em dezembro, iniciando-se as férias escolares, mandaram-me para a casa dos avós maternos, em Itaqui, onde costumava passar longas temporadas. Minha avó fazia o rancho no Alvear e cruzava o Rio Uruguai de chalana. Um dia, talvez por não ter com quem me deixar, levou-me. Na volta, já anoitecia, ventava forte, o rio se encrespara e, para mim, era o grande rio aquilo que seria um mar revolto. Erguia-se a proa e logo desabava com estrondo, deitando água para todos os lados, e minha avó, abraçando-me, rezava em alta voz, quase a gritar pelo amparo dos santos. Braceava e braceava o chalaneiro, mas as luzes de Itaqui pareciam cada vez mais distantes, a dessorar na escuridão como um navio que soçobrasse. E pude imaginar, em meu pânico: o que eu sentia, assim teriam sentido as vítimas do *Titanic*.

Ao longo da infância e da adolescência me acompanhou o medo daquela travessia do Rio Uruguai, entremeada com a tragédia do navio, até que essa sensação singrou por outro rio, que pensei ser o de Heráclito. Na mocidade, não deixei de me interessar pelo destino do *Titanic*, lia e recortava as matérias que apareciam nos jornais, mas era um interesse, por assim dizer, acadêmico. Veio, então, o filme de James Cameron, em 1997. Abstraindo-se o romance de apelo popular, ele é perfeito na reconstituição dos fatos conhecidos. E voltei a ter pesadelos.

Era preciso fazer alguma coisa.

Fiz o livro, narrando minuto a minuto o drama do gigante da White Star Line, da construção em Belfast ao afundamento no Mar do Norte e até depois, com todas as minúcias, todas as informações disponíveis – inclusive os inquéritos abertos em Londres e Nova York, em 1912 –, para que das nuvens tempestuosas de meus receios não restasse uma nesga sequer. E tenho convicção de que com este livro, finalmente, venci o obstinado trauma. Mas entre um navio e uma chalana, ainda prefiro a banheira.

A ÁGUIA DE HAIA E O TITANIC

Narram alguns autores que a biografia de Rui Barbosa, a Águia de Haia, emergiu de um crisol que mesclava doses de verdade e invenção.

Rui foi um arauto do abolicionismo, Ministro da Fazenda após a instauração da República e coautor da constituição republicana de 1891, mas seu renome decorre, sobretudo, de seu papel como chefe da delegação brasileira à Conferência da Paz, em Haia, em 1907, onde defendeu o princípio da igualdade entre os estados.

Alega-se, porém, que ele já era a "Águia de Haia" antes da viagem para Haia. A expressão tinha sido criada pelo então Ministro das Relações Exteriores, Barão do Rio Branco, ao declarar que enviaria à conferência "uma embaixada de águias", daí derivando charges na imprensa que representavam Rui com a carranca falconiforme. Após a conferência, não havendo na Europa nenhuma repercussão de sua fala na Holanda, o próprio Rui teria contratado o jornalista inglês William Thomas Stead, por 9.600 florins, para escrever o panegírico de seu desempenho. A matéria foi publicada no jornal londrino *Review of Reviews* e logo traduzida aqui, com grande reconhecimento público. No retorno ao Brasil, Rui desfilou para multidões no Rio de Janeiro e em Salvador.

William Thomas Stead foi um dos criadores do jornalismo investigativo e um dos jornalistas mais polêmicos da imprensa vitoriana. Pacifista de fama internacional, em 1901 tinha sido candidato ao Prêmio Nobel da Paz. Em 1912 foi convidado pelo Presidente Taft, dos Estados Unidos, a proferir palestra no Carnegie Hall, em congresso sobre a paz mundial, marcada para 21 de abril. Onze dias antes ele embarcou para Nova York. Ocupava a cabine C87 do *Titanic*. No dia 15, minutos antes do afundamento do vapor, Stead pulou na água junto com dezenas de pessoas, entre elas o bilionário John Jacob Astor IV, proprietário do Hotel Waldorf-Astoria e outros profícuos negócios. Stead e Astor agarraram-se a uma prancha, mas não morreram de hipotermia, como quase todos os que se lançaram ao mar. Quando a inclinação do navio se acentuou, a primeira chaminé, partindo-se, tombou sobre ambos, matando-os e a dezenas de outros náufragos.

Quase três décadas antes, em 22 de março de 1886, Stead publicara na *Pall Mall Gazette*, de Londres, a novela *How the mail steamer went down in Mid-Atlantic, by a survivor*, em que imaginava o naufrágio de um vapor em alto-mar sem suficientes botes salva-vidas, do que resultava a morte da maioria dos passageiros e tripulantes. Era um gênio ao descrever o futuro. Sobre acontecimentos passados, a descrição dependia da soma dos florins.

MEU AMIGO CYRO

Tenho uma fotografia do médico Cyro Soares Leães à janela de sua casa em Alegrete, à Rua General Vitorino. Era justamente o lugar em que conversávamos quando eu passava por ali. Naquele ano eu trabalhava em Uruguaiana e, nos fins de semana, ia para Alegrete. Já escrevia, decerto, e ele, bem mais velho e culto, sempre me encorajava a persistir.

Um dia me recomendou que lesse o *Quarteto de Alexandria*, de Lawrence Durrell. Uma das lições do romance, dizia, talvez a capital para um jovem escritor, era o exercício da empatia: o que era narrado no primeiro volume, *Justine*, da perspectiva de uma personagem, era repetido no segundo, *Baltasar*, mas da perspectiva de outra personagem.

Ao começar a Feira do Livro de Alegrete, minha futura esposa, então com 16 anos, adquiriu a obra no estande da livraria porto-alegrense Leonardo da Vinci, pertencente ao saudoso Edgardo Xavier. No mesmo ano li os quatro admiráveis livros daquele escritor britânico nascido na Índia, na tradução portuguesa da Editora Ulisseia.

    Se antes de sua recomendação eu não conhecia Durrell nem de nome, eu, que era bom leitor e já andara pelo mundo, como o meu amigo Cyro, morador de uma cidade provinciana, em cujo comércio manter uma estante de livros significava reduzir o mais lucrativo espaço do bazar, atualizava suas leituras? Onde se abastecia? Porto Alegre? Buenos Aires? Lia grandes jornais? Acrescente-se que a edição lisboeta era recente, e mais recente ainda sua importação.

    Em outro encontro, comentei que não só tinha lido como trouxera de Moscou uma edição em espanhol do controverso *Poema pedagógico*, de Antón Makarenko, que relata singulares experiências educacionais na União Soviética dos anos 20, para converter delinquentes em cidadãos.* Ora, ele já lera um alentado estudo sobre aquelas experiências, sempre desejara conhecê-las melhor e me fez prometer que, no outro fim de semana, traria o livro de Uruguaiana para lhe emprestar. E a mim mesmo fiz outra promessa: não lhe emprestaria aquela raridade, eu a daria de presente.

    Voltei a Alegrete na sexta-feira, ansioso por reencontrá-lo. Não o reencontrei. Ele falecera na terça, aos 54 anos, e ninguém se lembrara de me avisar. Já se passou mais de meio século. E quando vejo em minha estante os três volumes da saga de Makarenko, que não são meus, são dele, sinto uma emoção que é quase uma dor em meu velho peito.

---

* A tradução só seria publicada no Brasil em 2005.

A FORTUNA

Em 1912, aos 24 anos, a inglesa Violet Jessop embarcou no *Titanic* como camareira. Na madrugada de 14 para 15 de abril, quando o vapor foi a pique no Atlântico Norte, ela se salvou num dos escassos botes e foi resgatada pelo vapor *Carpathia*. Morreram mais de 1.500 pessoas.

    Mais tarde, no curso da Primeira Guerra, ela trabalhava como enfermeira no navio-hospital *Britannic*. Em 21 de novembro de 1916, no canal entre a costa da Grécia e a ilha de Kea, o *Britannic* abalroou uma mina marítima plantada na véspera por um submarino alemão e começou a naufragar pela proa. Violet novamente escapou num bote. Mas o navio continuava em movimento, desesperada tentativa do capitão de alcançar águas rasas, e vários botes, inclusive o dela, foram atraídos pelo repuxo das hélices, que em ação já na flor d'água começaram a destroçá-los. Ela foi a última a saltar, sendo recolhida por uma lancha. O *Britannic* foi a pique em 55 minutos. Morreram 28 pessoas, todas atingidas pelas hélices. Violet escreveu um livro relatando suas experiências no mar* e faleceu em 1971, com mais de 80 anos. A inglesa tem um parceiro na superação dessas repetidas situações de risco. Em 6 de agosto de 1945, aos 29 anos, o japonês Tsutomu Yamagushi visitava Hiroshima quando os americanos lançaram a bomba atômica de urânio (Little Boy), matando 140.000 pessoas. Encontrava-se a menos de 3 km do epicentro da explosão e, além de não morrer, no dia seguinte pegou o trem e regressou para sua cidade, Nagasaki.

Ora, em Nagasaki, três dias depois, os americanos lançaram uma bomba de plutônio (Fat Man), matando 70.000 pessoas, e não é que ele outra vez escapou? Único sobrevivente dos dois bombardeios reconhecido pelo governo do Japão, Yamagushi veio a falecer apenas em 2010, com pouco menos de 100 anos.

A Fortuna os fez duplamente malfadados e felizardos, mas não teve a mesma disposição com o menino norte-americano Robert Spedden. Livrou-o da morte no naufrágio do *Titanic* para que em 1915, aos nove anos, fosse atropelado por um automóvel, no primeiro acidente fatal de trânsito no estado do Maine. Os desígnios da deusa do bem e do mal são tão insondáveis quanto os do lobo ao atacar o aprisco.

---

* JESSOP, Violet. *Sobrevivente do Titanic*. Fortaleza: Brasil Tropical, 1998. 300 p.

NO ARCO LEVE DO VENTO

Em 1982, uma editora curitibana publicou uma coletânea de poemas intitulada *Passageiro do tempo breve*. O autor, Antônio Milano, não era conhecido no Paraná, como não o era e tampouco o é no Rio Grande, onde nasceu, viveu e morreu. O livro foi publicado graças à iniciativa da família e ao apoio do editor Roberto Gomes, também escritor e por isso sensível a esse drama de nossa literatura, o esquecimento dos mortos.

Conheci Milano em Alegrete, em 1965, e tivemos estreita convivência ao longo de oito anos. Era um lírico às antigas e bom sonetista que então migrava para o chamado verso livre.* Os temas de seu estro afável e singelo eram o amor e as emoções imorredouras da infância, com remissões a passos do folclore rio-grandense. Mais tarde,

---

* Segundo Eliot, nenhum verso é livre para quem deseja fazer um bom trabalho. Quintana disse numa entrevista que, "para fazer um poema em versos livres, é preciso criar para cada um deles uma *arte poética*".

deu outro calado à sua poesia para buscar vínculos entre a essência divinatória dos homens e a face humana do deus que eles criaram.

No mesmo período trabalhamos na reedição da revista *Ibirapuitã*, que circulara em Alegrete nos anos 30. Ele era o diretor, eu o *Johannes fac totum*. Em vários números fizemos o que faço agora: lembramos que nossos poetas, quando morrem, não devem ser sepultados em nossa memória, pois são eles que dão vida a essa memória. Mas a revista não se fez só de lembranças e divulgou entre pessoas pouco dadas à leitura seletas de autores representativos de nossa literatura e de outros tantos estreantes. Com tal atividade, Milano granjeou um título em sua cidade natal, que ele amava e homenageou em duas edições da revista, o de "poeta rural", assim o chamavam nos círculos esnobes da aristocracia citadina.

Quanto rancor.

Mas o poeta assimilava os dissabores: "Da humana tristeza / faço rosas de surpresa / em cores e papel fino / dessas que eu vi, certa vez, / juntar no bairro chinês / um velho, um moço, um menino".

E seguia poetando. Sua obra compreende três plaquetas e dois livros, aquelas publicadas com o pseudônimo de Assiz do Vale: *Canções de todos os tempos* (1954), *Barcos de papel* (1959), *Fantasia em tom de lenda* (1967), *Rimas fora do tempo* (1972) e o póstumo *Passageiro do tempo breve*.

Nasceu Antônio Milano em Alegrete, a 2 de maio de 1913, filho de Euclides Brasil Milano e Ana Freitas Valle Milano, tendo como avós paternos José Milano e Virgínia

Brasil Milano, e maternos Manoel de Freitas Valle e Rita Macedo Freitas Valle – ele o antigo interventor alegretense e vice-presidente do Estado. Tinha o poeta distante parentesco com Oswaldo Aranha: a mãe de Oswaldo, Luizinha Freitas Valle Aranha, era irmã de seu avô materno. Frequentou o Colégio Elementar de Alegrete, o Colégio Anchieta em Porto Alegre e cursou Direito na hoje Universidade Federal do Rio Grande do Sul, formando-se aos 23 anos. Em seguida fez concurso e entrou para o serviço público. Aposentando-se em 1967, veio a falecer a 10 de agosto de 1973.

Em suas relações pessoais era generoso, confiante até a candura, e em Alegrete diziam que era um sonhador. Não se enganavam. Era um admirável sonhador. E à noite, enquanto bebia seu vinho, falava baixo e punha-se a sonhar e a dizer versos e até seus silêncios tinham uma voz que só se ouvia de coração a coração. Dezenas de vezes o acompanhei nessas noites de delírio e poesia: "Em solo a melancolia / tocava um noturno lento / com o arco leve do vento / nas cordas da chuva fria". Ele falava, eu escutava. Agora falo eu para lembrá-lo.

UMA LÍNGUA E OUTRAS LÍNGUAS

Em 1974, num casebre da Vila Tronco, agentes da Delegacia de Entorpecentes interrogavam uma mulher sobre o paradeiro do marido. Ela resistia. Mais tarde, deu entrada no Pronto Socorro com a língua cortada ao meio. Na Polícia, foi aberto um inquérito. Ignoro o desdobramento do caso, mas certas leituras me induzem à suspeita de que a própria vítima, *sponte sua*, procedeu à amputação.

No ano da evacuação de Assunción, Solano López, em recuo pelo Chaco, creu ter descoberto um complô para tirar sua vida. Muitas pessoas foram detidas, entre elas duas irmãs dele, Inocencia e Rafaela. A primeira depôs, a outra se negou e López ordenou que a tratassem com rigor. No rancho onde foi açoitada bruxuleava um fogacho. Rafaela apanhou uma brasa e quando ia introduzi-la na boca os guardas a imobilizaram. Em 1870, o secretário de López, Silvestre Aveiro, em exposição redigida a bordo da canhoneira *Iguatemy*, conta que Rafaela queria lesar-se para não depor, ela ouvira dizer em família que, posta uma brasa na boca, a língua inchava e "no se podía hablar hasta morir".

Nos confins do Chaco paraguaio, a infeliz Rafaela reeditou uma tragédia grega da era pisistrátida. Em Atenas, em 514 a.c., os conjurados Harmódio e Aristógiton pretendiam matar o tirano Hípias. Conseguiram matar Hiparco, irmão de Hípias, mas este sufocou o levante e mandou prender um sem-número de cidadãos. Em síntese, é o que relatam Heródoto, Tucídides e Aristóteles, mas acrescenta Ateneu que, entre os prisioneiros, estava Leena, amante de Harmódio. Perguntada sobre a dimensão do movimento, silenciou. Receando, contudo, ceder à tortura e confessar o que sabia, partiu a língua a dentadas. Conta Pausânias que, após morte de Hípias, os atenienses ergueram uma leoa de bronze em sua memória.

Essas três mulheres, a falar o que não queriam, escolheram não falar nunca mais. O uruguaio Horacio Quiroga, num de seus contos mais tenebrosos, narra uma história que a tais temas concerne. Um dentista é difamado por certo Felippone. Perde a clientela e sonha com o dia em que se vingará. O destino, fantasiado de dor de dentes, leva Felippone ao consultório, e o dentista, tendo-o à mercê, corta-lhe a língua na raiz. Felippone desmaia, e o outro, num pasmo só, vê nascer naquela garganta mutilada uma linguinha vermelha. Colhe o broto com a pinça, corta-o, e nascem mais dois. Corta-os também e agora nascem quatro e depois oito e então aquele cacho de linguinhas, a pulular, torna a cochichar seu nome. Felippone, ao contrário das damas, era um linguarudo incontrolável.

OS VELHOS DO BRASIL

Na antevéspera de meus 60 anos, minha mulher, para comemorar a data, pensou em organizar uma janta num restaurante, convidando 60 amigos. E tinha eu tantos amigos? Com algum esforço pude convencê-la a desistir. Primeiro porque, para completar as cinco dúzias, teria de convidar os guardas da rua e também os inimigos. Segundo, porque sempre evitei aglomerações, em regra muito ruidosas, e pertenço à confraria do silêncio. De resto, era de fato uma ocasião a ser festejada? Compensava ser tão longevo, visto que a cada aniversário recebia cumprimentos por ouvir menos, enxergar menos e ter menos resistência física? Sem contar que, aos 60, já olhava de viés para as farmácias, a me perguntar quando chegaria a minha vez de recorrer ao Viagra.

E não se iludam com a quimera de que a velhice traz sabedoria, experiência e prazeres outros. Bem, traz alguns, mas em nosso país só para quem pode, não é? E a sabedoria e a experiência não contam para nada, só tem serventia aquilo que é operacional e ninguém dá muita importância à opinião daqueles que, supõe-se, têm seus recursos com data vencida.

É um lado da questão, o status dos idosos em sociedades como esta, subordinadas ao império do novo. Ignoro como eles subsistem em outros países, mas aqui são compelidos a uma espécie de limbo, descartados de qualquer papel profícuo. A rigor, a sociedade lhes despreza a teoria e a prática, e não lhes dá a mínima chance de adaptação à modernidade, tripudiando sobre os delírios da Lei 10.741, que mais parece um projeto arquitetônico do país swiftiano de Laputa: só funciona no desenho. E eles vivem, os velhos brasileiros, como os *struldbrugs* de Luggnagg, estrangeiros em sua própria terra.

E o outro lado: se é fato que a sociedade necessita adequar-se às contínuas mudanças decorrentes de seu desenvolvimento – o novo de hoje é o obsoleto de amanhã –, e que talvez por isso não possa prescindir de mentes jovens e adredemente preparadas para o crucial enfrentamento desse moto-perpétuo, não é menos factível que ela só se alçou a tal patamar pela faina dos que envelheceram. No Brasil, essa nação estranha, a retribuição por vidas consagradas ao trabalho raramente enseja algum prazer, e onde não há prazer não há proveito, como ensina um poeta inglês. Muito ao contrário, tal retribuição em muitos casos é um escárnio. Em lugar do benefício digno na conta bancária, que é o que deveras conta, o óbolo casquinha: meia-entrada no cinema e no circo, aonde a maioria dos idosos não vai, ônibus de graça se ele pára, o guichê com o atendente em treinamento, a vaga no estacionamento que ninguém respeita e o banheirinho no shopping com a placa depreciativa da bengala. Em seus planos eleitorais para o próximo mandato, o administrador público ainda vai obrigar o shopping a pôr um pacote de fraldas no balcão da pia.

DESAPARECIDOS: O GUAXO

U m dos capítulos mais dolorosos da história da América pertence aos anos 70: o desaparecimento de crianças no Cone Sul, após sequestro e assassinato dos pais por agentes da repressão política. Sobre esses crimes foi publicado em Montevidéu, em 1987, o livro *Amaral: crónica de una vida*, de Álvaro Barros Lémez. Narra a triste odisseia de um filho de Floreal García, boxeador uruguaio que, em 1963, lutou em São Paulo e conquistou o título de Campeão Panamericano de Boxe Amador (peso-mosca), vencendo o brasileiro Pedro Dias. Floreal casou-se com Mirtha Yolanda

Hernández, da qual nasceu, em 1971, Amaral Alberto García Hernández.

Muda o cenário: Paris. Ano: 1974.

Os militares uruguaios, já no poder, decidem livrar-se de um incômodo colega, o adido militar na França, Coronel Ramón Trabal, que tem cobrado publicamente os excessos da ditadura. Mandam matá-lo e fazem chegar à imprensa francesa o comunicado de uma inexistente Brigada Internacional Anti-imperialista, assumindo a autoria do atentado. De imediato, outra resolução em Montevidéu, derivada do infame ardil: para cada governista morto, serão eliminados 10 subversivos. O Presidente Bordaberry, em sinistra matemática, consegue uma redução pela metade. Dias depois, "por conta" de Ramón Trabal, são encontrados em uma rodovia os corpos de cinco ativistas políticos, entre eles Floreal e Yolanda.

Amaral, então com três anos, desaparece. Tios, avós, amigos, todos procuram Amaral. E o procurariam durante uma década, enfrentando o descrédito, a indiferença, o deboche, as ameaças, o medo, até encontrá-lo em Buenos Aires com o auxílio das Mães da Praça de Maio. Tivera uma desastrada infância, passando por inúmeras casas e cidades, sob os cuidados de diferentes membros de uma mesma família de ex-policiais e ex-funcionários do serviço de inteligência da Argentina, além de uma pseudo avó que o chamava de *guaxo*.

Drama semelhante foi reproduzido, em 1985, no belo filme argentino *A história oficial*, mas se ali o foco narrativo é o da família adotiva, na obra de Barros Lémez quem depõe é a família legítima, subsidiada pelas vagas lembranças do menino. É a outra ponta da corda, no ponto em que ela rebentou.

A leitura desse relato aflitivo induz à reflexão sobre certos momentos da vida americana, quando os governos civis perdem a confiança das nações, e estas, desmemoriadas, anseiam pela volta dos regimes de força. Em mais de um país do Cone Sul a história tem mostrado que, na falta de governantes escolhidos em eleições livres e demais garantias democráticas, passam a faltar também os mais comezinhos princípios do respeito humano, numa voragem que não poupa nem nossas crianças. Como esquecer tão pungente lição?

TIO JORGE EM CAXIAS

Antigos frequentadores da Rua da Praia talvez ainda se lembrem de um homem alto, robusto, estampa de cantor de tango, que reinava nas cortes matinais do Largo dos Medeiros. Chamava-se Jorge Conceição e era irmão de meu avô materno, Pedro Conceição, que fez família em Itaqui. Na mocidade, fora um afanoso carcheador de corações femininos, mas, entre as damas que o amaram, amou apenas uma, Miss Solidão.

Em criança, já o conheci bem maduro. Foi em seu telescópio, no apartamento da Rua Santo Antônio, que pela primeira e única vez vi Saturno e seus anéis. Era o seu planeta preferido.

Culto e memorioso, exercia, com um vozeirão, o monopólio da palavra, mesmo correndo o risco de afugentar ouvintes. Interessava-se por História Antiga, Heráldica, Genealogia, e dominava a crônica remota de um sem-número de famílias gaúchas. A nossa, investigou até topar com Rafael Pinto Bandeira, uma índia e certo padre, donde se infere que a saga dos Conceição, no capítulo tupiniquim, inaugurou-se em pecado. Também descobriu que as primeiras demarcações urbanas de Caxias do Sul tinham sido feitas por meu bisavô materno, Virgílio Conceição, e havia na cidade uma rua que o homenageava – mais tarde o nome foi trocado, passou a ser o de um dirigente de futebol.

Com uma gorda aposentadoria no Tesouro do Estado, passou a viajar: Brasil de norte a sul e o interior do Rio Grande, que percorria em carro de aluguel, contratando o *chauffeur* ao dia. Na história da humanidade, foi o único viajante que, partindo de Porto Alegre, alcançou a Bolívia... de táxi! – um recorde que ainda estará invicto no fim dos tempos.

Em seus anos crepusculares, conservava a memória acesa, o verbo fascinante, mas, conquanto garantisse a marcha, o motor já dava mostras de fadiga. O primeiro sintoma foi um cheiro que sentiu no apartamento. Não localizando a origem, culpou os norte-americanos, povo que detestava com todo o vigor da alma apaixonada. Mudou-se para o Preto Hotel, mas o suposto algoz não mais o abandonou. Identificava-o em transeuntes e não raro se desavinha com alguém por causa de um olhar qualquer, armando um banzé com sua voz de trovão.

Foi nessa época que decidiu ir a Caxias conhecer a rua que lhe honrava o pai. Um secretário municipal fez questão de acompanhá-lo e, no trajeto, ia indicando os pontos turísticos da cidade. Tio Jorge, claro, pôs-se a desconfiar do cicerone. Indignado, fitava aquelas mãos que se lhe moviam à frente do nariz. A certa altura, o efusivo secretário fez um gesto largo:

– Esta é a rua de seu ilustre pai!

Voltou-se para ver o efeito e deu um grito de pavor: o filho de demarcador calçava-o de 38 em punho.

Não conheço o desfecho da história, quando narrada em família acaba sempre no revólver. Imagino que tenha sido aceitável – tanto quanto possível, nas circunstâncias –, pois Tio Jorge pôde voltar de Caxias e ainda pintou o sete antes de tomar o último táxi para Saturno.

A AUTOFAGIA DO PODER

Em 1754, o escultor Étienne Falconet foi eleito para a Academia de Belas-Artes da França. Seu mais elogiado trabalho era uma estátua de um grego chamado Mílon. Em 1682, dita personagem já inspirara uma escultura do francês Pierre Puget, e em 1876 seria o tema de uma gravura do poeta ucraniano Taras Shevchenko. Mílon era um atleta. Sua especialidade era derrubar adversários na luta corpo a corpo.

    A luta esportiva vem de longe. Em 1938, escavadores acharam na Mesopotâmia uma placa de bronze mostrando dois competidores em ação. Procedia da Suméria e remontava ao quinto milênio antes de Cristo. O boxe é mais recente. Teria surgido em Creta, durante a civilização minoica (3000 a 1600 a.C.), ou na Grécia, durante a civilização micênica (1600 a 1200 a.C.). Os boxeadores treinavam esmurrando sacos estofados de sementes de figo e os combates eram feridos sem intervalos, entre atletas de qualquer peso. O boxe evoluiu, ou regrediu, para o pancrácio, disputa de escassas regras, violenta e sanguinária. Um competidor chegou a romper o ventre do oponente, arrancando-lhe o intestino.

Nos jogos gregos destacaram-se inúmeros lutadores: Peleu, Polidamante, Teágenes, Dares, Entelo, Aquelau. Nenhum igualou-se a Mílon, natural de Crotona, que obteve 32 triunfos: venceu seis vezes os Jogos Olímpicos, em Olímpia, sete os Jogos Píticos, em Delfos, nove os Jogos Nemeanos, em Nemeia, e dez os Jogos Ístmicos, em Corinto. Esse hércules, amigo e discípulo de Pitágoras, exibia-se em estádios. Fechava uma fruta na mão e a mantinha, sem que a machucasse, contra os esforços de outros homens para soltá-la. Em pé sobre um disco untado de óleo, resistia a tantos quantos pretendessem desalojá-lo. Amarrava uma corda à testa e a rebentava com a expansão das veias, após algum tempo sem respirar. Entre seus conterrâneos era um maioral, diz-se que os liderou na defesa de Crotona contra um ataque dos sibaritas. Sua fama correu mundo. Segundo Heródoto (III, 137), o médico Demócedes, para empavonar-se diante do persa Dario I, seu paciente, revelou que era casado com uma filha de Mílon.

O lutador que, entre 536 e 512 a.C., a todos venceu, foi vencido pela autossuficiência. Um dia ele viu uma robusta árvore seca, cujo tronco alguém tentara abrir com o auxílio de cunhas, e cismou em terminar o serviço com as mãos. As cunhas se soltaram, o tronco fechou-se e Mílon, preso e espremido, foi devorado pelos lobos. Esta história pode ser lida como uma parábola sobre a autofagia do poder e sua consequente finitude. "Dura pouco", como percebeu Sêneca, o infeliz conselheiro de Nero.

OS PRECEITOS DO BARÃO

Nobre rebento de um nobre tronco de proprietários rurais, seu nome era o mesmo do pai, do avô, do bisavô, mas a inveja municipal o chamava de Barão Coty. Várias circunstâncias concorriam para a mordaz alcunha. Era tal seu esmero no vestir, dizia-se, que jamais usara calças com o vinco desfeito. Em seu penteado de gomina, a la Rodolfo Valentino, não discrepava um fio. Cheirando a colônia argentina, desfilava pelas ruas centrais de Alegrete num Pontiac 51, silencioso e undante como um navio fundeado.

Sua paixão eram os automóveis e proverbial o seu cuidado com essas criaturas de latão que, na época, eram signos de prosperidade e hoje têm na hierarquia do lar o mesmo posto da máquina lava-roupa, do aspirador, do rádio-relógio, da geladeira, do televisor, soldados que marcham sob o comando sargenteante do telefone celular. Carro que tivesse pertencido ao elegante aristocrata gozava de fé pública. O barão costumava trafegar a 20 km por hora, estacionava em lugares amplos e vigiava para que nenhum plebeu distraído viesse afocinhar sua caranguejola muito perto de onde repousava o engenho de seus mimos. Os conterrâneos, sabendo-lhe o vezo, tratavam de manter distância segura, pois também eram proverbiais as fúrias do dono do Pontiac.

Certa vez o barão foi à ferragem de meu pai e deixou o carro a meia quadra da loja, casualmente defronte à nossa casa. Fez compras e, ao retornar, ó céus, deu com um cabo da Brigada, talvez recém-chegado à cidade, com a botina apoiada no cintilante para-choque, posição que considerou adequada para atar seus cadarços. O barão deu um grito que foi ouvido em toda a vizinhança. Janelas curiosas se abriram, e de nossa ferragem, da Farmácia Popular e do armarinho A Incendiária despejou-se a intrigada freguesia. Pequeno grupo confluiu ao ponto crítico. O barão apontava o dedo para o estupefato militar, mas não conseguia falar. E tamanha era sua indignação que, sobre engasgar-se, no auge do descontrole se urinou.

Foi nessa ocasião que, em Alegrete, cunhou-se uma frase cruel, hoje em desuso. Quando alguém fazia uma trapalhada, outro alguém dizia: "Ih, o barão fez pipi".

A tradição não fez justiça à coerência e à solidez dos preceitos do barão. Enquanto a turba ria de sua vergonhosa incontinência, ele, rubro, mas de busto ereto, olhar sobranceiro e ocultando a mancha da calça com o pacote da ferragem, deu meia-volta e foi para casa. Foi a pé, não quis molhar o estofamento do Pontiac.

UM POETA INFELIZ E ESQUECIDO

P oucas pessoas ouviram falar de um poeta que faleceu tragicamente em 1915. E quase ninguém lhe conhece a obra. Chamava-se Manuel Baptista Cepelos, natural de Cotia-SP. Estudioso, teve o curso de Direito custeado pelo advogado Francisco de Assis Peixoto Gomide, duas vezes senador e uma vez presidente interino de São Paulo.

Aos 34 anos e agora promotor público, o poeta frequentava a casa do benfeitor, à Rua da Princesa 25, uma das zonas mais chiques da capital, e começou a namorar sua filha mais velha, Sofia, de 22 anos. De início, não houve oposição do senador, talvez tenha achado que era só um namorico, mas quando Sofia e Cepelos anunciaram que se casariam, ele se opôs com inaudita veemência, ao ponto de trancar a menina em casa, e exigiu o rompimento. Sofia se negou a obedecer e teria dito ao pai que já se entregara ao namorado em encontros clandestinos que haviam mantido.

A 20 de janeiro de 1906, pai e filha tiveram uma discussão após o almoço, e estando ambos a sós à mesa, ele encostou o revólver na cabeça dela. "Que é isso, meu pai?", ela estava bordando e se assustou. "Não é nada", ele teria dito, e disparou. Ao tiro seguiu-se uma vozearia, ouvida na vizinhança, e quando sua esposa acorreu, com a filha caçula e a cozinheira, o senador apontou o revólver para a menina, Gnesa, de 16 anos. Com os gritos da cozinheira, desistiu de atirar e passou à sala de visitas. Sentou-se ao lado do piano e se suicidou com um tiro no ouvido esquerdo.

Que drama teria induzido um homem culto, ponderado, atual presidente do senado paulista, a cometer tão tresloucados desatinos? Cultiva-se uma versão anódina, ele tinha conhecimento de que estava sendo objeto de chacotas na cidade e até no recinto do senado: a filha de um prócer da república ia se casar com um mulato pobretão. Parece, contudo, que havia outra e mais grave motivação: já teriam ocorrido as relações sexuais que ele queria impedir, por incestuosas: o poeta seria seu filho, fruto de aventura que, aos 23 anos, tivera em Cotia.

Por causa do trágico desfecho, Cepelos, ainda que inocente, foi estigmatizado pelos paulistanos e, por isso, abandonou o cargo, mudando-se para o Rio de Janeiro. Nos anos seguintes teve algum reconhecimento literário, entre eles um prefácio laudatório de Olavo Bilac em seu livro, mas fracassou na advocacia e precisou vender o livro de porta em porta para pagar a pensão onde morava. Entregue à bebida, maltrapilho como um pedinte, não resistiu aos desgostos de sua vida desgraçada e se suicidou, lançando-se de um penhasco na Lapa.

TARSO-METATARSO-E-DEDOS

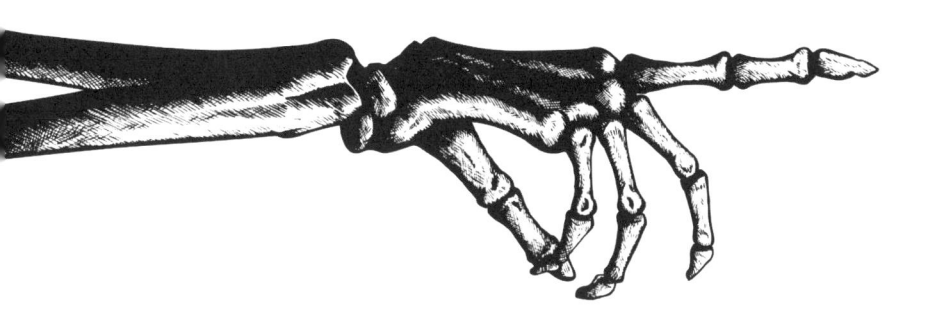

Em 19 de maio de 1991, morreu em São Paulo o jornalista Tarso de Castro, um dos fundadores d'*O Pasquim*, que também militou na grande imprensa e cuja notoriedade, como às vezes acontece, provinha menos de sua inegável capacidade profissional e mais da vida que escolheu viver, ligeiramente escandalosa, consumida na boêmia, no uísque, e notória pelas conquistas amorosas. Era um Casanova.

Essa figura não conheci pessoalmente e mesmo não houve um só momento em que nossos caminhos se cruzassem. Digo isto com pena. Não fui seu amigo, mas apreciaria ter sido. Minto: fui. Mas era outro Tarso. Tinha 14 anos e era meu colega no internato do Colégio Rosário. Não era um guri bonito, mas tinha charme e uma simpatia de ação fulminante. Em fotografias que vi dele, adulto, sempre ao lado de beldades cobiçadas, parecia vestir-se com certo descaso. No internato, ao contrário da maioria, que usava camisa-esporte ou a blusa do colégio, Tarso preferia o traje de passeio, em regra um terninho escuro, camisa social, gravata e sapatos pretos. Não era bom nos esportes, como em geral é a gurizada, e era único, também, no seu humor. O internato era um poço de melancolia. Nossos pais nos tinham mandado para longe de casa, dos amigos, das pequenas namoradas, e éramos todos nostálgicos, amargos, quietos. Tarso, não. Parecia divertir-se com a prisão e sempre trazia no rosto um sorriso galhofeiro. Não era galhofa comum, vulgar, tinha *copyright* e era tão insinuante que, em vez de magoar, seduzia. Seu assunto predileto era a política, falando de João Goulart e outros figurões com uma intimidade que a todos desarmava. E por trás das palavras, como dentro delas, aquele sorriso, aquela zombaria, como se zombasse também de si mesmo por estar seduzindo.

Farraco. Era como me chamava pelos corredores e presumo que não aceitava as coisas como são ou parecem ser, e as torcia, de modo que, corrompidas, servissem de alimento para a ironia com que duvidava da veracidade ou da importância delas, ou de seus próprios juízos. Presumo ainda que continuou a acrescentar erres pela vida afora e já não sei se, com a idade, chegou a ser outro Tarso. Pode ter sido mais de um, Tarso-Metatarso-e-Dedos, como o chamava eu, por vingança, ou pode ter sido sempre o mesmo, mas isto já não importa agora.

No momento em que soube de sua morte me surpreendi por ter sentido tanto o desaparecimento de alguém que, até então, não passava de um erre a mais em minha distante adolescência. Creio que isto dá a medida de seu fascínio. Eu ainda gostava dele e não sabia.

A INVENÇÃO DO FUTEBOL

Diz-se que os ingleses inventaram o futebol, com a metamorfose do rúgbi em 1863, a fundação, no mesmo ano, da The Football Association, e a primeira reunião da International Board em 1886, que definiu as bases do regramento atual. Uma ligeira pesquisa, contudo, sugere que os ingleses inventaram tão só as normas e que aquilo que eles normatizaram foi uma invenção italiana.

Há notícias remotas de algo semelhante ao futebol na China, na Babilônia, no Egito, no Japão, na Grécia, sobretudo entre os romanos, criadores do *harpastum*, disputado por zagueiros, médios e atacantes que usavam os pés e as mãos. Os soldados de Júlio César levaram o *harpastum* para a Gália, que o chamou *soule*, e para as ilhas britânicas, mais tarde reocupadas pelos imperadores Cláudio e Adriano.

Aquilo que ali se jogava no primeiro milênio, após a invasão dos anglo-saxões e, no início do segundo, com a conquista normanda, era o jogo romano, mas os ditos inventores do futebol sem demora o baniram, por seu barbarismo: só não era permitido o homicídio. Eduardo I o proibiu em 1297, Eduardo II em 1314, Eduardo III em 1349, Ricardo III em 1389, Henrique IV em 1401, ao passo que na Escócia, em 1423, Jaime I foi autor de famoso decreto: "Que nenhum homem jogue futebol". Também foi condenado por Henrique VIII, Eduardo VI e Elizabeth I. Sob Jaime I da Inglaterra foi tolerado, mas quem o praticava era socialmente despiciendo. Em *Rei Lear*, de Shakespeare (c. 1606), Lear reclama do intendente de sua filha Goneril, Osvaldo, que está a encará-lo:

– Tu ousas me encarar, seu patife?

E lhe dá um sonoro tapa. Mas Osvaldo reage:

– Não aceito levar um tapa, meu senhor.

Essa resposta irrita o Conde de Kent, que lhe dá uma rasteira e o desafia:

– Nem uma rasteira, vil jogador de futebol?*

Na França, o *soule* não sofria restrições, escalando entre as quatro linhas o Rei Henrique II e o poeta Pierre de Ronsard.

O futebol regrado como o de hoje, embora com o uso associado da mão, foi criado em 17 de fevereiro de 1529, em Florença, então sitiada pelo Príncipe de Orange. Num intervalo da luta, duas correntes políticas florentinas organizaram uma partida na Piazza Santa Croce, os seguidores de

---

* SHAKESPEARE, William. *Rei Lear*. Porto Alegre: Editora Movimento; Santa Cruz do Sul: Edunisc, 2013. Tradução de Elvio Funck.

Seglio Antinori fardados de verde, os de Dante Castiglione de branco. Era o *calcio*, como até hoje se diz na Itália. Em 1580, certo Giovanni Bardi, ouvindo pessoas que tinham presenciado a disputa, fixou-lhe um estatuto. Cada equipe tinha 27 jogadores: três zagueiros recuados, quatro zagueiros avançados, cinco médios e quinze atacantes. O *calcio* tornou-se tão apreciado que chegou ao ponto de empolgar as perninhas dos papas Clemente VII, Leão IX e Urbano VIII.

Em 1656, Henry Carey traduziu para o inglês o livro *I raggvagli di Parnasso*, que trazia uma descrição do *calcio*, e os ingleses o preferiram às suas práticas ferozes. Foi tamanho o sucesso do *calcio*, com o nome de *football*, que em 1660 Carlos II o autorizou, promovendo um jogo entre seus flâmulos e os do Duque de Albermale.

Os italianos inventaram o futebol, os ingleses, o privilégio do pé e as modernas leis que o disciplinam, ao passo que inventamos nós, por algum tempo, o modo de ganhá-lo. Mas logo o esquecemos.

TRÊS VERGONHAS

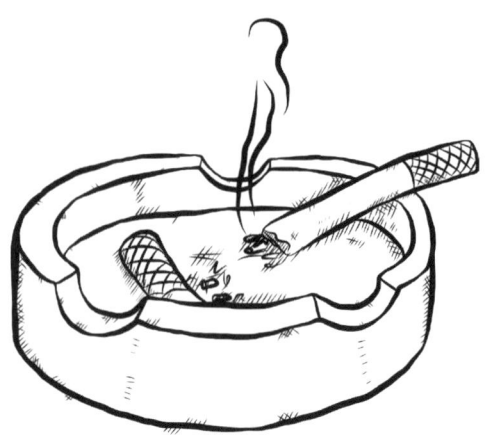

O cigarro, que me maltratou durantes 50 anos, é responsável por certos fardos morais que carrego – isso sem contar os pulmonares.

Quando o estado de Mario Quintana se agravou, no Hospital Moinhos de Vento, sua sobrinha Elena me telefonou e para lá me dirigi a toda pressa. O poeta, na UTI, estava sob um lençol que o cobria da cintura para baixo, e seu peito magérrimo subia e descia dramaticamente, no ritmo imposto pelo respirador mecânico. "Ele ainda ouve", disse Elena, "fala com ele". Chamei-o. E como não se movesse nem desse sinal algum de que ouvira, insisti, quase a gritar, para que ao menos olhasse para trás na caminhada que encetava naquela senda obscura e visse que eu estava ali, segurando-lhe a mão. Mas ele não reagia e o único som que eu escutava era o de seu fôlego artificial. Quanto tempo se passou? Muito, talvez, ou pouco, que a angústia se encarregou de alongar, e eu disse a Elena que ia sair para fumar e já voltava.

Quantos cigarros fumei nos jardins do hospital? Um ou dois? Três? Passaram-se vários minutos e então um repórter com um gravador veio perguntar se eu podia falar sobre Quintana. Agastado com aquilo que entendi como pressa de ver o poeta morto, nada respondi e o ignorei. Ele não se aborreceu: "Talvez o senhor não saiba", disse, "o poeta acaba de falecer". Era verdade. Ele morrera justamente enquanto eu estivera a alimentar meu vício. Que vergonha! Lancei fora os cigarros que restavam e prometi a mim mesmo que nunca mais fumaria.

Ao entardecer, conduziram-no ao morgue do hospital, onde já me achava, com Elena, tentando compensar aquela falta imperdoável. E sem fumar. Veio vê-lo o ex-presidente José Sarney, que estava em Porto Alegre. E eu ali, sentado num banquinho, a desfiar minhas lembranças. E olhava o amigo morto, vestido com um terninho apertado, o colarinho abotoado no primeiro botão e sem gravata, e me perguntava por que, afinal, não o teriam calçado com sapatos. Ao mesmo tempo, recordava-me de algo que ele escrevera: que a morte é uma libertação, pois, na morte, a pessoa pode ficar deitada sem tirar os sapatos. Suponho que ele se sentia mais liberto ainda: estava deitado de sandálias.

Quintana foi velado num salão da Assembleia. Tinha sido um fumante inveterado e, por isso, algumas pessoas começaram a colocar no féretro cigarros avulsos. E no meio daquela noite sem fim, exausto, ansioso, passadas tantas horas sem fruir a imperiosa nicotina, degradei-me ao ponto de quebrar a promessa de não fumar e, pior ainda, roubar um cigarro do amigo morto. Ninguém precisa me dizer, eu sei que foram três vergonhas, uma atrás da outra.

As noivas fantasmas

Em 1919, Horacio Quiroga publicou na revista *La Novela del Dia* o conto "Miss Dorothy Phillips, mi esposa", e dois anos depois o incluiu no livro *Anaconda*. É a história de Guillermo Brant, argentino que, fascinado pela atriz Dorothy Phillips, engendra um ardil para avultar seus méritos e vai aos Estados Unidos com o propósito de desposá-la.

O personagem é um *alter ego* do escritor. Quiroga amava a atriz. Os amigos conheciam suas excentricidades e um deles resolveu gracejar com aquele louco e impróspero amor. Falsificou letra, endereço, selos, carimbos, e fez com que chegasse a Quiroga uma foto de Dorothy com carinhosa dedicatória. Segundo José Maria Delgado e Alberto Brignole, primeiros biógrafos do escritor, a falsificação era tosca, mas "Quiroga não teve a menor dúvida sobre sua autenticidade, quando até o mais simplório dos cândidos teria percebido o logro". Quiroga chegou ao ponto de assinar suas críticas cinematográficas com o pseudônimo de "O esposo de Dorothy Phillips". Pouco depois, ele começou um vulcânico romance com a poeta argentina Alfonsina Storni, que nada tinha de fantasma e o recuperou para a factibilidade das ambições menos trabalhosas. Ela evoca Quiroga no poema "Encontro", no livro *Ocre*:

> *Encontrei-o numa esquina da Calle Florida,*
> *mais pálido do que nunca, distraído como antes.*
> *Por dois anos ele possuiu minha vida.*

De embuste semelhante foi vítima o poeta andaluz Juan Ramón Jiménez, que aos 23 anos já publicara cinco livros e era bem conhecido em países de língua espanhola. Em 1904, ele recebeu carta de uma admiradora peruana, Georgina Hübner, pedindo seus últimos livros, pois não os encontrara nas livrarias de Lima. Juan Ramón gentilmente os remeteu e assim teve início uma troca de cartas. Georgina dizia lê-las, poeticamente, à beira-mar, e de pronto remetia ao poeta, como disse alguém, seus "suspiros caligrafados". Quanto mais frequente o diálogo, mais aquecido se tornava. Uma das cartas do poeta termina assim: "Creia-me, sou tão seu que lhe beijo os pés".

Certo dia chegaram à Espanha e foram visitar Juan Ramón alguns peruanos com veleidades literárias. O poeta quis saber se conheciam Georgina Hübner e um deles a descreveu: "É bondosa e bela como um lírio, mas secretamente triste, talvez por não se sentir amada por alguém a quem ama". Então Juan Ramón, exaltado, escreveu aquela carta que seria a derradeira:

Para que esperar mais? Embarcarei no primeiro navio, no mais veloz, que logo me levará até seu lado. Não me escreva mais. O que tem para me dizer, me dirá pessoalmente, sentados os dois diante do mar ou no perfume de seu jardim com pássaros e a lua.

Também cessaram as cartas peruanas, não pelo que o poeta pedira e sim pelo que anunciara, pois aquela Georgina apaixonada simplesmente não existia. As cartas tinham sido escritas por dois jovens poetas limenhos, José Gálvez Barrenechea e Carlos Rodríguez Hübner, que com a primeira queriam apenas ganhar livros, mas que depois começaram a gostar da brincadeira. Havia em Lima, realmente, uma Georgina Hübner, prima de Carlos Rodríguez, e era dela que falavam os visitantes de Juan Ramón em Madri, mas seu nome fora usado sem que ela autorizasse e nem mesmo soubesse. As cartas eram ditadas e quem as redigia, com delicada caligrafia, era uma amiga da dupla. Um golpe bem urdido contra um homem fragilizado: Juan Ramón estivera internado num sanatório francês, com um colapso nervoso, e acabara de perder o pai.

Só não contavam os pândegos com a pretendida viagem, e quando se capacitaram de que a diversão poderia ter um mau final, enviaram um telegrama ao cônsul peruano em Madri: "Comunique ao poeta Juan Ramón Jiménez que Georgina Hübner faleceu".

Pobre Juan Ramón!

Desesperado, escreveu um longo e belo poema, "Carta a Georgina Hübner no céu de Lima", que termina com uma blasfêmia:

E se em parte alguma nossos braços se encontram,
que criança idiota, filha do ódio e da dor,
fez o mundo, brincando com bolhas de sabão?

O poema foi publicado no livro *Labirinto*, de 1913, mas o poeta então veio a saber que Georgina era uma farsa e proibiu sua reprodução. Nos anos 40, após visitar Uruguai e Argentina, levantou a proibição, e o poema não só voltou ao livro de 1913 como passou a fazer parte de diversas antologias de sua obra. "Seja como for", ele escreveu em sua autobiografia, com grandeza d'alma, "eu amei Georgina Hübner, ela preencheu uma quadra vazia da minha vida, e então, para mim, ela existiu tanto como se tivesse existido de fato. Agradeço, portanto, a quem a inventou."

Carlos Rodríguez Hübner seria depois um advogado de prestígio e empresário madeireiro. José Gálvez Barrenechea foi poeta, jornalista, professor universitário e militou na política, sendo Ministro da Justiça em 1931 e vice-presidente do Peru no período 1945-1948, além de Presidente do Senado nos anos 1956-1957.

Juan Ramón, como Horacio Quiroga, curou a dor de um amor desperdiçado com outros amores: em 1907 apaixonou-se pela americana Luisa Grimm, esposa de um milionário espanhol, e com ela também manteve longa correspondência, até 1912. No ano seguinte, conheceu Zenobia Camprubí Aymar. Casaram-se em 1916, em Nova York. O casamento, contudo, não fez com que desistisse de aventuras ao sul do equador. Quando esteve no Uruguai, sua abstração incaica foi substituída por uma concretude oriental que, como a Storni, também frequentava as musas: no inverno montevideano aqueceu-se ao lado da poeta Idea Vilariño, então com 28 anos. E tendo seguido para Buenos Aires, de lá escreveu uma carta para a autora de *La suplicante*:

Gostaria de te ver agora, de ter continuado te vendo, querida Idea enlutada com verde olhar lento, para conseguir, verdadeiramente, beijar teu coração (assim como pode o inverno beijar a primavera). Me lembrei de ti a cada dia [...]. *Sim, querida Idea, continuo sentindo tua mão na minha mão contra teu quadril direito, na sacada de um hotel da cidade que te guarda. E continuarei sentindo. Com um beijo, Juan Ramón Jiménez.*

O caso da noiva que não existia sobreviveu ao seu casamento, aos seus outros casos e mesmo à sua existência, e ainda hoje intriga os pesquisadores que têm acesso às raras cartas preservadas: as duas primeiras de Georgina, a primeira de Juan Ramón, a última de Georgina e parte da última de Juan Ramón.

Eduardo Galeano o reproduz no livro *Bocas del tiempo*, de 2004, e também está presente num ensaio do peruano Alonso Cueto, "Carta al cielo de Juan Ramón Jiménez", publicado em 2009 na *Revista de la Universidad Autônoma de México*. Em 2014 comparece no romance *El cielo de Lima*, do espanhol Juan Gómez Bárcena, e em 2015 numa peça teatral chamada *Un fraude epistolar*, escrita por Fernando Ampuero e dirigida por Giovanni Ciccia, baseada no livro

Libertades imaginarias, publicado em 2001 pelo mexicano José de la Colina.

    E Juan Ramón, afinal, parece ter empolgado a lembrança dos pósteros não só como o grande poeta que foi, ganhador do Prêmio Nobel de Literatura em 1956, mas também como uma outra fácies do fidalgo Dom Quixote de la Mancha, enamorado de uma Dulcineia que nunca se apresenta no livro de Cervantes e é também uma noiva fantasma. O caso pede um sorriso e, quem sabe, um aperto no coração. Segundo Alonso Cueto, é um dos mais belos e divertidos episódios amorosos da história da literatura, mas também um dos mais tristes.

A ANÃ DA SERRARIA

Um dos últimos contos que escrevi, *Conto do inverno*, traduz, em parte, uma experiência pessoal. Em rigoroso inverno, tarde da noite, o protagonista é despertado por ruídos à frente de sua casa. É um velho caminhão cujo motor deixou de funcionar. Transporta paupérrima mudança. Na carroceria, entre os móveis, a dona da mudança e seu bebê. Solidário, o protagonista se oferece para levá-la ao seu destino, e aqui o conto toma um rumo que discrepa do que realmente aconteceu.

Verdade que, nos anos 70, em Ipanema, um caminhão teve uma pane defronte ao meu portão e eram quatro horas de uma gélida madrugada. Verdade também que estava na carroceria a mulher com o bebê e quis ajudá-la. Mas havia alguém que não apareceu no conto: uma anã. Vesti um abrigo por cima do pijama e, já a bordo da minha Brasília 76, perguntei à mulher aonde iríamos. Era na Serraria, um bairro mais afastado na Zona Sul de Porto Alegre. O marido alugara uma casinha e estava à espera de que ela viesse de Santa Rosa com a mudança.

Serraria, sim, mas no morro, então um matagal a espremer estreitas vielas e casebres dispersos. Após intensa procura, localizamos uma caixa d'água, única referência que ela trazia. A escuridão ao redor era completa e parei no meio da ladeira, interrompida por grandes pedras. Impossível continuar. "A senhora vai lá e volta pra confirmar", eu disse, deixando os faróis acesos.

Seguiram as duas lomba acima, com o bebê.

Quando as perdi de vista, pronunciou-se um ominoso efeito dos faróis, a sugerir que eu estava à beira de um penhasco. A resposta demorava e comecei a me inquietar. Dentro do carro iluminado, era a vítima perfeita. Desembarquei e entrei no mato.

Passou-se algum tempo.

De repente, uma sombra movimentou-se no alto da viela e começou a descer. Era uma forma gigantesca que se balançava, como em dificuldade para carregar seu corpo em meio à pedraria. E vinha e vinha, a subir por aquilo que em minha visão era um abismo. E eu ali, no escuro, sem ter com o que me defender: nem uma pedra ou um pedaço de pau pude encontrar e nada me restou senão tirar o cinto, que possuía rija fivela, para enfrentar aquele avantesma ondulante.

Bem, era a anã, com a sombra dilatada pelos fachos dos faróis. Perplexo, segurando o cós da calça, eu a espreitava de dentro do mato. Ela se aproximou e, não me vendo, chamou-me de um modo estranho: "Homem! Homem!". Apareci.

A mulher mandava dizer que achara a casa, ela avisou, e olhava para o cinto em minha mão. "Tem mosquito aqui", eu quis explicar, embora não tivesse notado mosquito algum.

Para retornar, precisei dirigir um tanto de marcha a ré e me perdi mais de uma vez antes de descobrir como podia sair do morro. Quando entrei em casa, mal-humorado, clareava o dia. Minha mulher perguntou: "Foi tudo bem?". Mais ou menos, respondi. O que me incomodava não eram os percalços do caminho, mas o que a anã poderia ter dito à mulher: "Do que a gente escapou! O homem é louco, tava matando mosquito a cintaço".

TITANIC: A HISTÓRIA INCOMPLETA

Em 1998, em Paris, um professor da Escola Superior de Guerra Naval e especialista em histórias do mar, Philippe Masson, publicou um estudo sobre o mais afamado naufrágio de todos os tempos: *Le drame du Titanic*. Para coincidir com o centenário da tragédia, ocorrido em 2012, apareceu a tradução brasileira, lançamento de uma editora de São Paulo, com um título inventado: *Titanic: a história completa*.

Completa?

E exata, ao menos?

Já no início, um lapso no calendário. Apresenta uma tabela denominada "Quadro de honra da Fita Azul do Atlântico", que sumariza o prêmio anual conferido ao navio mais veloz na travessia atlântica, em serviço regular. A tabela vem desde 1819. A Fita Azul, contudo, só foi criada pelas companhias marítimas em 1860.

Ao comentar a indicação do Capitão Edward Smith para o comando do *Titanic*, Masson o reputa o mais experiente oficial em águas do Oceano Atlântico, com apenas um acidente na carreira. Aqui, o lapso é maior. O cartel de desastres em embarcações capitaneadas pelo renomado homem do mar é assustador: em **1887**, com o vapor *Republic*: encalhamento perto de Nova York e, no mesmo dia, a explosão de uma caldeira mata três tripulantes; em **1890**: encalhamento de um vapor no litoral do Rio de Janeiro; em **1903**, com o *Majestic*: grandes danos resultantes de um incêndio; em **1906**, com o *Baltic*: incêndio com importantes avarias; em **1909**, com o *Adriatic*: encalhamento não longe de Nova York; em **1911**, com o *Olympic*, irmão gêmeo do *Titanic*: a 14 de junho parte de Southampton em sua viagem inaugural e, na chegada a Nova York, quase esmaga um rebocador; ainda em **1911**, também com o *Olympic*: a 20 de setembro, colisão com o cruzador *Hawke* no Estreito de Solent, entre a ilha de Wight e a Inglaterra; em **1912**, ainda com o *Olympic*: a 3 de fevereiro, vai de encontro a um banco de areia, ao largo da Terra Nova, e perde uma hélice.

O que significam esses reveses? Má fortuna? Incapacidade para comandar grandes embarcações? O prestígio do Capitão Smith junto à White Star Line, a companhia proprietária de todos os navios sinistrados, é um grande mistério.

Mal começa a viagem com o *Titanic*, sobrevém um quase acidente no canal de Southampton, que Masson só vai lembrar no quinto capítulo, não como análise das primeiras milhas da travessia, mas ao lhe versar os presságios. É o mesmo erro cometido no Estreito de Solent, com o *Olympic*. A sucção do deslocamento do navio, o "efeito canal" que Smith novamente não prevê, faz balançar o vapor fundeado *New York*, que rebenta seis cabos de amarração de 15 cm de diâmetro e se movimenta, a popa na direção do *Titanic*. Vai bater. O capitão reverte os motores e, de acordo com Masson, a manobra é exitosa. Não é assim. Quem evita o abalroamento é o rebocador *Vulcan*, segurando um dos cabos da embarcação à deriva. O *New York* deixa de abalroar o *Titanic* por escasso 1,20m.

Para o francês, a viagem principia sem percalços, e o engenheiro Thomas Andrews, em suas vistorias, constata insignificâncias: o navio pende para bombordo e então é preciso equilibrar a distribuição da carga e do carvão, o aquecimento de algumas cabines da segunda classe não é o desejado, o salão de leitura poderia ser menor.

Também não é assim.

Há um gravíssimo problema no convés G, cujos efeitos vão apressar o afundamento de um navio que pode flutuar com quatro compartimentos estanques invadidos pela água, e não há uma só notícia de que o comandante, nas revistas diárias, tenha estranhado essa ocorrência ou temido o perigo que ela representava: desde 3 de abril, quando o navio se desloca do estaleiro de Belfast para Southampton, ou seja, <u>sete dias antes da partida para Nova York</u>, há um incêndio em uma das carvoeiras! <u>E continua no dia 7</u>, um domingo, já em Southampton, quando os tripulantes são dispensados para se despedir de suas famílias. <u>E continua no dia 9</u>, quando o supervisor do Board of Trade faz uma inspeção superficial e atribui ao navio um certificado de qualidade. E continua no dia 10, quando o *Titanic* zarpa, e vai continuar até o dia 13, por causa da baixa pressão das mangueiras. Masson cita o incêndio apenas no sexto capítulo, ao discutir um achado das expedições de mergulho, mas para os exegetas do naufrágio o fogo fragilizou a parede da carvoeira, que era também uma antepara de compartimento estanque e será derrubada pela água na primeira hora do dia 15, abrindo o quinto e fatal compartimento para o mar.

A inépcia do Capitão Smith, esse Francesco Schetinno da *belle époque**, não acaba ali. Às 13h42min do dia 14 de abril, o telegrafista recebe do vapor *Baltic* a terceira advertência de gelo à frente e a encaminha a Smith, que almoça com J. Bruce Ismay, presidente da White Star Line, e o banqueiro George Widener. O capitão a lê e, em vez de mandar afixá-la na sala de navegação ou na sala dos mapas, o procedimento padrão, entrega-a a Ismay, que a põe no bolso. Às 19h30min, chega do cargueiro *Californian* a quinta advertência: três grandes icebergs na rota do *Titanic*. Smith não toma conhecimento, está sendo homenageado num dos luxuosos restaurantes da primeira classe.

Acrescente-se o escandaloso caso dos binóculos, que Masson parece desconhecer. Em Southampton, na véspera de levantar âncora, Smith traz do *Olympic* um novo chefe dos oficiais, seu protegido Henry Wilde, apagada figura nas horas cruciais do naufrágio. O chefe que veio desde Belfast,

---

* Comandante do navio de cruzeiro *Costa Concordia* que, na ilha italiana de Giglio, em 13 de janeiro de 2012, colidiu com uma rocha submarina e adernou, matando 32 passageiros e tripulantes. Schetinno foi condenado a 16 anos de prisão.

William Murdoch, é rebaixado para primeiro oficial, e o primeiro oficial, Charles Lightoller, passa a ser o segundo. O resultado dessas alterações, garante o autor, não teria ultrapassado certo desconforto e um fugaz conflito de autoridade. Ora, para que Lightoller assuma o novo e inferior posto, o segundo oficial, David Blair, é dispensado. Para sua felicidade, não viaja, mas para a infelicidade dos que viajam, ele é o único tripulante que sabe onde estão os binóculos que os vigias, no cesto da gávea, pedem com insistência, isto é, os mesmos que usaram de Belfast a Southampton. Os oficiais não se recusam a fornecê-los, como supõe o francês, eles ignoram onde estão guardados, exceto o da sala de navegação, que de fato não pode ser cedido. Contudo, há outro binóculo na sala, reservado para os práticos dos portos. Por que o capitão não o cede? E onde anda o capitão? Ele dorme.

Que lástima!

O vigia Frederick Fleet vê o iceberg de uma distância inferior a 500 m, mas são necessários 20 a 30 segundos para que o leme responda ao timão, tempo em que, na velocidade em que avança o navio, equivale a 600m. Tarde demais. Não há lua, mas a noite é clara, estrelada, o mar tem a placidez de um lago. Um binóculo teria revelado a tempo o monte de gelo que se eleva a quase 20m da superfície do mar? No inquérito instaurado ainda em abril no Senado dos Estados Unidos, para investigar as circunstâncias do desastre, um senador pergunta a Fleet se, com o binóculo, ele teria visto o iceberg. "Nós o veríamos um pouco mais cedo", diz Fleet. "Quanto mais cedo", quer saber o senador. Resposta: "O bastante para poder evitá-lo".

A olho nu, quando avistam já tão próxima aquela massa fantasmal, alarmam-se os vigias. Fleet toca o sino três vezes e grita ao telefone: "Iceberg! Direto à proa!". Segundo Masson, o primeiro oficial Murdoch agradece, ordena ao timoneiro que vire todo o timão para bombordo e em seguida aciona a alavanca do telégrafo: parar motores e revertê-los à toda potência.

Mais uma vez não é assim.

Primeiro: quem recebe o telefonema de Fleet não é o primeiro oficial, que está na asa da ponte, longe do telefone, mas o sexto, James Moody, e é ele quem, educadamente, agradece o aviso. E segundo: Murdoch acorre e manda o timoneiro carregar o leme não para bombordo, mas para estibordo (boreste). Sim, a proa, lentamente, começa a virar para bombordo, mas o que precisa ser entendido é que a discrepância entre o comando para um lado e o movimento do navio para o outro lado deriva do ilógico sistema em uso, com uma haste de ferro na cabeça do leme, determinando que, no mecanismo direcional, a ordem de carregar em dada direção resulte em ação inversa. A partir de 1928, esse mecanismo será substituído por um sistema lógico.

O historiador francês escreveu um livro que se lê com interesse bastante, mas a história que conta não é muito exata e está longe de ser completa. Seu mérito pode estar na crônica das expedições que desvelaram os restos do *Titanic* e das desinteligências entre norte-americanos e franceses sobre o que fazer com a fascinante descoberta. Nessa parte, Masson não deixa escapar nem os mexericos.

TRÊS DIAS DE MEDO

Em 1982, no Rio de Janeiro, publicou-se um livro do escritor uruguaio Mario Arregui, *Cavalos do amanhecer*, que eu traduzira. O lançamento teria lugar em nossa Feira do Livro, com a presença do autor, e tão logo ele chegou a Porto Alegre pedi a um jornalista que fosse ao City Hotel entrevistá-lo, encarecendo que evitasse as questões políticas. A ditadura militar ainda sufocava o Uruguai e o prontuário do escritor registrava duas prisões, tão brutais que seu coração delas herdara um marca-passo.

No dia seguinte, ao abrir o jornal, ai de mim. O jornalista me desatendera a petição e, conquanto pudesse ter outras e até melhores intenções, agira a *contrario sensu*, ressaltando a subversão de Arregui: ele escreveu que, na entrevista, a conjuntura oriental estivera em evidência, mas optara por não reproduzir os conceitos políticos do escritor para poupá-lo de mais uma prisão quando voltasse ao seu país...

Arregui autografou na feira. À noite, com representantes da editora carioca e alguns amigos, entre eles os escritores Laury Maciel e José Eduardo Degrazia, fomos jantar num restaurante chinês da Praça da Alfândega. Já bem tarde, veio à nossa mesa um homem de seus trinta e poucos anos, atlético, pletórico, cabelo à escovinha, identificando-se como uruguaio exilado, admirador de Arregui, mas comecei a desconfiar quando propôs ao escritor um passeio de táxi pelos bairros da cidade. Arregui, que nutria uma fé cega na humanidade, aceitou. Para o alívio de sua esposa, que também estranhara o convite, pude convencê-lo de que, em hora tão entrada, não convinha deixar-se guiar por um desconhecido.

Na outra noite jantei com o casal no mezanino do hotel. Eu estava de costas para a escada. Em dado momento vi que a mulher de Arregui, visivelmente inquieta, olhava para algo atrás de mim. Voltei-me e ainda pude ver o rosto do homem, antes que se ocultasse. Era o mesmo do restaurante chinês. Levantei-me às pressas, quis alcançá-lo e ainda o avistei quando ganhava a rua, mas o perdi no meio da multidão que convergia para o Largo da Prefeitura, onde haveria um comício.

Podia não ser nada, mas... e se fosse? Oito anos antes, a ditadura militar não mandara matar o diplomata Ramón Trabal em Paris, por condenar publicamente seus excessos? E quatro anos antes, não mandara sequestrar os ativistas Lilián Celiberti e Universindo Díaz em Porto Alegre, certamente com a intenção de também matá-los?

Ao fim da refeição, acompanhei os visitantes até o quarto. Na portaria, recomendei que não permitissem visitas ou chamadas locais, exceto as minhas, e telefonei ao jornalista Paulo Gastal, no *Correio do Povo*, pedindo que, no dia seguinte, noticiasse a viagem de Arregui para o centro do país. No Largo da Prefeitura sucediam-se os oradores e permaneci na porta do hotel, ouvindo os discursos. Terminado o comício, continuei no mesmo lugar, a vigiar quem entrava. Depois já não entrava ninguém, só a madrugada, e eu ali, encostado num pilar do passadiço, a pestanejar meu sono e meu cansaço.

De manhã, transferi o casal para o Preto Hotel. No *Correio*, a nota falsa de Paulo Gastal: Arregui seguia para São Paulo. Mas foi para Gramado. À tardinha, quando retornou, eu já comprara sua passagem para Montevidéu, no ônibus da noite – a saúde não lhe consentia viagens aéreas. Ninguém sabia da troca de hotel, o dia e a hora da viagem eram um segredo meu, mas pouco antes do embarque, já na Estação Rodoviária, o homem tornou a aparecer. Eu o vi de longe, aproximando-se com pressa. É agora, pensei, e fui ao encontro dele. Vendo-me, contudo, e era a terceira vez que me via em seu caminho, deu meia-volta e foi embora.

Quem era o homem? Um agente da polícia política com propósitos criminosos? Um espia do consulado querendo intimidar? Um exilado inconveniente com saudade da pátria? Agi como deveria ou, com a cumplicidade involuntária da esposa do escritor, deixei-me levar pelos receios próprios daqueles anos de horror? Mas estou certo de que não precisava ter vivido essa experiência, que em qualquer caso derivou da matéria jornalística. Quem a redigiu não se capacitara de que, às vezes, o dever de quem dá a notícia é justamente não dá-la.

Nota: esta crônica foi escrita nos anos 80. Na Feira do Livro de 1999, 17 anos depois da visita de Arregui a Porto Alegre, o acaso me colocou novamente frente a frente com o intrigante personagem. Ele abordou o jornalista Ruy Carlos Ostermann, com quem eu conversava, e apresentou-se, queria tratar de um assunto esportivo. Engordara. E a calvície de hirtas farripas, com o concurso de uma pornográfica barriga, dava-lhe um ar de barnabé jubilado, que a sacola de ráfia ao braço reforçava. Não me reconheceu, eu sim e o reconheceria se o visse em Cochabamba.
– Lembras de 82? – perguntei.
Ele me olhou e pronunciou meu nome como quem duvida. Ouviu calado enquanto eu contava ao Ruy, palavra por palavra, o que foi contado acima. Ele então falou, disse que se esquivara de mim por pensar que eu fosse um policial da ditadura. Eu? Bem, era uma explicação plausível naquele tempo em que não podíamos confiar em ninguém, naquele tempo em que amigos, colegas de serviço e até parentes nos traíam. Mas se explicou algumas coisas, não explicou outras, como o seu conhecimento do dia e da hora da viagem. E se retirou abruptamente, como em 1982 no restaurante do City. Com uma diferença que, para ele, podia ou não ser constrangedora: agora eu sabia seu nome.

OS ROMANOV: A LIMPEZA DA CHAMINÉ

Um dos crimes mais selvagens da história moderna foi cometido na Rússia em 1918. Na noite de 16 para 17 de julho, em Ecaterimburgo, na chamada Casa Ipátiev*, foram executados o czar abdicado Nicolau II, a esposa, as quatro filhas, o filho adolescente, o médico da família, a aia da czarina, o cozinheiro e um criado, obra do Soviete Regional dos Urais, cumprindo decisão de Lênin, também do Presidente Sverdlov e de outros próceres cuja aprova-

---

* Assim chamada por pertencer, desde 1908, ao metalurgista Nikolai Nikolaievich Ipátiev, que a adquirira por 6.000 rublos. A família residia no piso térreo e os escritórios do negócio funcionavam nas dependências subterrâneas. A casa tinha eletricidade, telefone e uma área de 560 metros quadrados. Quando os bolcheviques decidiram que o czar e a família ficariam recolhidos ali, deram a Ipátiev dois dias para que procedesse à desocupação.

ção foi o silêncio. Trotski não estava em Moscou no dia 12 de julho, quando houve a reunião no Kremlin e a sorte da família imperial foi decretada. Ao retornar, perguntou a Sverdlov onde estava o czar:
— Acabou-se. Foi fuzilado.
— E a família?
— A família está com ele.
— Todos eles?
— Todos eles.
— Por quê? Quem decidiu isto?
— Decidimos aqui. Ilyitch [Lênin] considerou que não podíamos deixá-los como uma bandeira viva, sobretudo nas difíceis circunstâncias atuais.*

Não houve um julgamento, como desejava Trotski e o czar merecia, para prestar contas de seus desmandos, mas a correspondência sigilosa entre Ecaterimburgo e Moscou costumava empregar o termo: *julgamento* queria dizer execução no planejamento do crime. Às 17h30min horas do dia 16, o soviete uraliano enviou a Lênin e Sverdlov o seguinte telegrama: "Informo Moscou por razões militares julgamento combinado não pode ser adiado [...]. Se for de outra opinião, avise imediatamente". O assassinato já estava decidido e, de Moscou, não chegou aviso algum.

Por volta da meia-noite, estacionou junto à casa, na Rua Voznessenki, o caminhão Fiat que transportaria os cadáveres. O motorista apresentou-se como o *limpador de chaminés* – era a senha – e em seguida a família e servidores foram despertados e conduzidos ao porão pelo agente

---

* MONTEFIORE, 791; SEBESTYEN, 402-3; MASSIE, 534.

Yakov Yurovski, um ex-relojoeiro e revendedor de material fotográfico que agora era o chefe da polícia secreta, a Cheka*, em Ecaterimburgo. Yurovski explicou que, com a aproximação de tropas contrarrevolucionárias e para sua própria segurança, eles precisavam se transferir para dependência mais protegida. Só era verdade a iminência de invasão pela Legião Tcheca, uma força de 45.000 homens constituída de ex-prisioneiros tcheco-eslovacos do Império Austro-Húngaro, associada a grupos de combatentes antibolcheviques.**

Yurovski diria mais tarde que não notou nenhum sinal de hesitação ou suspeita: "Não houve lágrimas ou choros, nem perguntas".

Nicolau trouxe no colo o filho Alexei, que era hemofílico, machucara-se em acidente doméstico e não conseguia caminhar. A menina Anastácia carregava seu cãozinho. Toda a mobília do porão fora retirada. A czarina Alexandra, que padecia de dores ciáticas, reclamou: "Nem mesmo uma cadeira? Não temos sequer o direito de sentar?". Yurovski mandou trazer duas cadeiras, para ela e para o menino. Um dos guardas da casa, sabedor do que estava por acontecer, zombou: "O herdeiro precisa de uma cadeira, talvez ele prefira morrer sentado".

O motorista do Fiat recebeu ordem de entrar no pátio de marcha a ré e deixar o motor ligado e acelerado para abafar o som dos tiros. Cada um dos matadores, à espera

---

* Criada por Lênin em 20 de dezembro de 1917, com o nome eufêmico de Comissão Extraordinária.

** A Legião Tcheca invadiu Ecaterimburgo oito dias após a morte do czar.

em outro cômodo, recebera de Yurovski a indicação de sua vítima, e todos estavam armados com revólveres Colt e pistolas Nagant, Browning e Mauser, mas o grupo tivera de ser reformulado porque dois letões se negaram a atirar nas moças. Eram onze, além de Yurovski. Oito foram identificados mais tarde: Grigory Nikulin, subchefe local da Cheka, Pyotr Ermakov, comissário bolchevique, Pavel Medvedev, soldador de uma fábrica local e comandante da guarda externa da casa, Mikhail Kudrin, mecânico, assassino da Cheka, Alexei Kabanov, guarda da Casa Ipátiev e ex-soldado da Guarda Imperial, Victor Netrebin, novato da Cheka com apenas 17 anos, Stepan Vaganov, comandante de metralhadoras da guarda interna, e Jan Tselms, soldado letão.

Com o ex-czar à frente e os demais em duas filas contra a parede, supostamente para ser feita uma fotografia, Yurovski chamou seu mal-arranjado pelotão e leu um documento do soviete determinando que todos fossem fuzilados. Nicolau ainda pôde exclamar "O quê? O quê?", antes da primeira rajada de tiros, e foi o primeiro a morrer, baleado no peito e na cabeça por Yurovski. O comissário Ermakov, bêbado contumaz, ex-detento, psicopata que serrara a cabeça de um homem durante um assalto a banco, desfechou um tiro na testa da czarina Alexandra enquanto ela se benzia e outro na coxa da menina Maria, que tentava alcançar a porta. Todos atiravam contra todos e a fuzilaria enfumaçou de tal modo a peça que os atiradores, transtornados, poderiam alvejar uns aos outros. Yurovski ordenou que o pelotão saísse por um momento, enquanto se ouviam gritos, choros, gemidos de quem ainda não tivera a bem-aventurança de morrer.

Um dos matadores, Kabanov, tinha sido mandado ao pátio para verificar se os estampidos excediam o ruído do motor do Fiat, e como de fato era o caso, foi resolvido que todos passariam a usar, de preferência, as coronhas dos fuzis e as baionetas. Quando retornaram ao porão, constataram que apenas Nicolau, Alexandra e dois criados estavam mortos. Yurovski viu o médico tentando levantar-se e atirou na cabeça dele. Encontraram Alexei a gemer – Nicolau o protegera – e Yurovski disparou sua Mauser, mas o menino, no chão, movia-se, agarrado à manga da camisa do pai. Yurovski ainda se admirava da resistência dele quando Nikulin se aproximou e descarregou sua Browning. Não bastou, Alexei ainda se movia, mesmo depois de Ermakov tê-lo atacado com a baioneta. Yurovski, por fim, sacou sua segunda arma, um Colt, e o matou. Maria, a mais bela das filhas do czar, abraçara-se à irmã menor, Anastácia. Ambas testemunharam o assassinato das irmãs mais velhas, também abraçadas, após sobreviverem à baioneta de Ermakov no peito e nas costas. Tatiana foi morta por Yurovski com um disparo atrás da cabeça, fazendo com que Olga recebesse no rosto um jato de sangue e massa encefálica. Ermakov derrubou Olga com um pontapé e a baleou na boca. Voltando-se para Maria e Anastácia, acutilou-as. Como não morreram e ainda gritavam por socorro, usou outra pistola para disparar em suas cabeças. Em transe histórico, procurou novamente os inertes Nicolau e Alexandra e passou a lhes golpear com tanta fúria que, quebrando ossos, a baioneta atravessou o assoalho. Anastácia ainda vivia, mas eles não perceberam e a deitaram num lençol para levá-la ao caminhão. De repente ela sentou-se e, cobrindo o rosto com as mãos, começou a gritar. Recebeu uma coronhada na cabeça e foi golpeada repetidamente pela baioneta de Ermakov até silenciar. Sobrou a criada de Alexandra, a correr de um lado para outro e a gritar que Deus a salvara, mas sem demora a alcançaram.

O "procedimento", segundo Yurovski, durou 20 minutos.

"Todos estavam com perfurações de tiros em várias partes e os rostos cobertos de sangue. As roupas também, encharcadas de sangue", contou Pavel Medvedev, um dos onze, que foi encarregado de comandar a limpeza do porão. Os guardas tinham dificuldade de mover-se no piso escorregadio, tomado de sangrentos restos humanos misturados com fezes e urina. Alguns vomitaram e fugiram. Outros se precipitaram sobre os mortos para lhes roubar as joias. Outros ainda estriparam o cãozinho de Anastácia, Jimmy, e também o de Tatiana, Órtino, que descera ao porão atrás da dona.

Concluíra-se a limpeza da chaminé.

Faltava limpar as provas do crime. Com a carga de cadáveres, 150 galões de gasolina e 180 kg de ácido sulfúrico no caminhão, Yurovski dirigiu-se a um lugar previamente escolhido, uma mina abandonada a 20 km de Ecaterimburgo, perto da aldeia de Koptyak. Trabalharam três dias com machados e serrotes para desmembrar e fatiar os corpos, antes de incinerá-los e lançá-los na mina, sob camadas do produto que deveria corroê-los. Dois dias depois, voltou Yurovski para trocar aqueles tassalhos de lugar. Tinham achado outro menos visível.

Ainda havia o que limpar?

A autoria, decerto, e para tanto, as potestades bolcheviques mandaram prender 28 pessoas que se opunham à revolução, acusando-as dos onze assassinatos, cujo propósito era desqualificar o regime. Cinco dos presos foram executados. Para ocultar um crime bárbaro, praticaram outro. Entrementes, seguia a carnificina perpetrada contra dezenas de outros membros da família Romanov, degeneração cuja "obra-mestra" foi a tortura a que submeteram uma tia de Nicolau, a freira Ella, uma criança e cinco parentes, lançados num profundo poço para morrer de inanição.

Em 1923, a imprensa soviética distribuiu fotografias da Casa Ipátiev legendadas com um escárnio: "O último palácio do czar". Pouco a pouco, porém, a casa se tornou um lugar de peregrinação para russos que desejavam homenagear a família trucidada. Com a aproximação do 60º aniversário da execução e temendo a recrudescência das censuras internacionais, o Politburo, em julho de 1977, encarregou Bóris Yeltsin de sua demolição. Em 1990, ele escreveu em suas memórias: "Mais cedo ou mais tarde, todos nós nos envergonharemos deste exemplo de barbárie".*

CONSULTAS:

FERRO, Marc. *A verdade sobre a tragédia dos Romanov*. Rio de Janeiro: Record, 2017. 167 p.

MARIE, Jean-Jacques. *História da guerra civil russa: 1917-1922*. São Paulo: Editora Contexto, 2017. 271 p.

---

* Em 2008, a Suprema Corte da Rússia decidiu que Nicolau e seus familiares foram vítimas de repressão política e os considerou reabilitados.

MASSIE, Robert K. *Nicolau e Alexandra*. Rio de Janeiro: Rocco, 2014. 607 p.

MASSIE, Robert K. *Os Romanov: o fim da dinastia*. Rio de Janeiro: Rocco, 2017. 269 p.

MONTEFIORE, Simon Sebag. *Os Romanov: 1613-1918*. São Paulo: Companhia das Letras, 2016. 906 p.

RAPPAPORT, Helen. *Os últimos dias dos Romanov*. Rio de Janeiro: Record, 2011. 335 p.

REPPAPORT, Helen. *As irmãs Romanov*. Rio de Janeiro: Objetiva, 2016. 523 p.

SEBESTYEN, Victor. *Lênin: um retrato íntimo*. Rio de Janeiro: Globo, 2018. 568 p.

SERVICE, Robert. *O último tsar*. Rio de Janeiro: Difel, 2018. 461 p.

CRIME E CASTIGO

O vulgo inventa muitas historietas sobre a forma de dar notícias fatais, como aquela do cidadão que recebe a incumbência de dar a uma mulher a notícia da morte do marido e, para identificá-la, pergunta se acaso ela é a viúva do falecido. Trago a lembrança de um caso real. E o que é pior, uma experiência pessoal.

Nos primeiros anos 70, morávamos num apartamento alugado no Bom Fim. Telefone nem pensar e tampouco interfone à entrada do edifício, como hoje é corrente. Havia um painel com botões de campainha, acessível por uma abertura na porta principal, mas para saber quem se anunciava era preciso descer ou ver lá de cima.

Numa fria madrugada de agosto despertei sobressaltado. Alguém chamava e fui olhar à janela de meu quarto andar. Era um professor alegretense, porta-voz, sem dúvida, de notícia infausta, e fora escolhido por motivos óbvios: me conhecia, tinha telefone e morava na vizinhança. Desci. No vestíbulo, um lugar acanhado e escuro, o visitante confirmou meus receios. Fulano teve um infarto, disse ele, e está passando mal. Aleluia, pensei, recobrando alma nova. Se estava passando mal, tinha chance ainda. E fiz as perguntas que, geralmente, são feitas nessas horas. Ele ia respondendo, até que perguntei se tinha conhecimento do que prognosticara o médico. Chamaram o médico, sim, disse ele, abrindo os braços, mas quando o médico chegou ele estava morto.

No minuto seguinte, não fiz outra coisa senão olhar para aquele homem à minha frente, tentando compreender que caminhos percorrera sua inteligência até concluir que a melhor maneira de comunicar a morte de alguém era afirmar, previamente, que ela não ocorrera.

Meses depois, dei com ele numa barbearia da Rua Andrade Neves, no centro de Porto Alegre. Na cadeira do barbeiro, fala-se de muita coisa, até de livros, e o estimado mestre, que tinha veleidades literárias, quis saber qual era, em termos médios, a quota de leituras que um escritor se impunha. "Seis livros", menti. "Por mês, claro", ele concluiu. "Não, por semana", menti de novo. Foi a sua vez de ficar boquiaberto.

Sempre que nos encontrávamos, uma vez ao ano, se tanto, ele punha a mão no meu ombro e exclamava, com certa frustração, que era possível ler seis livros por semana, mas não era razoável, cansava a vista e ainda o impedia de ter outros lazeres. Eu o aconselhava: "Continua tentando". Mais do que um castigo, seria um remédio.

TITANIC: O INFORME DE BRIDE

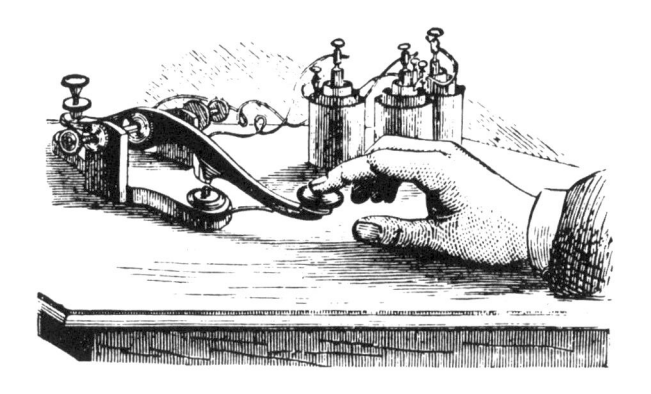

Em 1912, Harold Sydney Bride, 22 anos, era o segundo telegrafista do *Titanic*. O primeiro era John Phillips, que no dia seguinte à partida do navio de Southampton completaria 25 anos. Eles não eram funcionários da White Star Line, empresa proprietária do navio, mas da Marconi's Wireless Telegraph, que em 1903 inaugurara um serviço de transmissão de notícias entre Inglaterra e Estados Unidos e em 1907 começara a instalá-lo em todas as embarcações de grande porte.

Bride nasceu em 11 de janeiro de 1890, em Londres, era o mais moço dos três filhos do casal Arthur John Larner Bride e Mary Ann Lowe. Ao abandonar os estudos regulares, matriculou-se no curso Marconi de telegrafia, que concluiu em julho de 1911. E logo foi para o mar. Seu primeiro navio foi o *Haverford*, mais tarde trabalhou no *Lusitania*, no *Le France* e no *Anselm*, antes de embarcar no *Titanic*.

    Seus comentários sobre o naufrágio foram selecionados e traduzidos de depoimentos que prestou no United States Senate Inquiry, em Nova York, e no British Wreck Comissioner's Inquiry, em Londres, em abril e maio de 1912, e do relato que fez ao jornal *New York Times*, publicado na edição de 19 de abril do mesmo ano.*

Bride
Eu estava acordado e ouvia Phillips trocar mensagens com Cape Race.** Eram mensagens dos passageiros. Ocorreu-me que ele estaria muito cansado e resolvi levantar

---

* Tais documentos constam do site *Encyclopedia Titanica*, do qual sou membro.
** Estação Marconi, na Terra Nova (Canadá).

para substituí-lo. Não percebi a colisão, só fiquei sabendo quando o capitão veio à cabine do telégrafo. Não senti nenhum solavanco. Eu estava ao lado de Phillips, recomendando que fosse dormir, e vi a cabeça do capitão na porta entreaberta. Ele disse:

– Batemos num iceberg e mandei fazer uma inspeção para ver se houve danos. Estejam prontos para uma chamada de emergência, mas só a façam se eu mandar.

O capitão foi embora e, em dez minutos – é o que calculo –, voltou. Nós podíamos ouvir uma grande agitação lá fora, mas não havia sinais de que houvesse um problema maior. O telégrafo funcionava perfeitamente.

– Transmitam a chamada de emergência – ordenou o capitão, enfiando a cabeça pela porta.

– Que tipo de chamada – Phillips perguntou.

– A da norma internacional para socorro. A própria.

Foi embora o capitão outra vez. Phillips começou a transmitir um CQD.* E enquanto o fazíamos, caçoávamos. Não passava pela nossa cabeça a possibilidade de um desastre e, durante cinco minutos, enquanto ele enviava repetidamente a mensagem, brincamos com aquela história do socorro. Então o capitão apareceu novamente.

– O que você está transmitindo – perguntou a Phillips.

– CQD – Phillips respondeu.

Cheguei a pensar que aquilo era uma piada, algo para nos divertir, a nós e ao capitão.

---

* CQD não quer dizer *Come quickly, danger*, como às vezes se traduz. Esse código foi criado pela companhia Marconi, em 1904, para as emergências marítimas. CQ era uma chamada geral, no caso a todos os navios, e derivava das duas primeiras sílabas do termo francês *securité*. O D queria dizer *distress*.

– *Aproveita e envia um SOS* – eu disse a Phillips. – *É um novo código e pode ser a tua única chance de usá-lo.* Com um sorriso, Phillips mudou o código da mensagem.*

Estamos agora no dia 15, segunda-feira. 0h15min: o capitão vem novamente à cabine do telégrafo. Há dez minutos ele sabe que o navio não resistirá. Os telegrafistas se compenetram de que o momento não é para graças. Eles vão desenvolver febril atividade, em contato com inúmeros navios, até perto das 2h.

Bride
Percebi que estava enganado quando começaram a embarcar mulheres e crianças nos botes. Notei também que a inclinação do navio para a frente era progressiva. Phillips comentou que o sinal do rádio estava enfraquecendo. Veio o capitão e nos disse que a casa de máquinas estava tomada pela água e que os geradores talvez não resistissem por mais tempo. Nós enviamos essa informação ao Carpathia.**
Desci ao convés dos botes para dar uma olhada, a água já estava chegando ali.*** Havia um grande tumulto na área da popa e simplesmente não consigo compreender como Phillips ainda persistia no trabalho. Ele era um

---

* O novo código foi criado em 1906, em Berlim, pela 2ª Convenção Internacional de Radiotelefonia.
** 1h45min do dia 15, e foi a última mensagem ouvida pelo *Carpathia*.
*** O convés dos botes era a plataforma superior do navio. A cabine do telégrafo situava-se em plano acima, sobre o alojamento dos oficiais e atrás da sala de navegação. No momento em que Bride desce para ver o que está acontecendo, já partiram todos os botes convencionais, restando três dos quatro dobráveis.

bravo. Aprendi a admirá-lo naquela noite e senti uma intensa emoção ao vê-lo aferrado ao posto enquanto todo mundo tratava ferozmente de escapar. Jamais me esquecerei do que ele fez durante aqueles últimos e terríveis quinze minutos. O convés dos botes já fora alcançado pela água e Phillips continuava no manipulador, enviando mensagens uma atrás da outra. Não deixou de transmitir nem depois que o capitão o liberou. Ficou ali uns dez minutos mais, ou quinze, e então a água começou a entrar em nossa cabine.

Enquanto Phillips trabalhava aconteceu algo que me constrange relatar. A seu pedido, fui ao nosso alojamento, ao lado da cabine, para pegar o dinheiro dele, e olhando pela porta entreaberta vi um fornalheiro, ou alguém dos conveses inferiores, abaixando-se atrás de Phillips. E Phillips, muito ocupado, não percebeu o que o homem fazia. O homem estava roubando o seu colete salva-vidas.

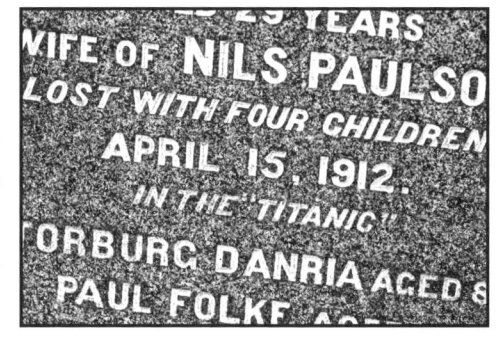

Passa das 2h. O castelo da proa está submerso e a água avança pelo convés dos botes. Phillips envia a última mensagem, ouvida por um só navio, o *Virginian*, com sinais tão fracos que não pode ser decifrada. Os telegrafistas deixam a cabine e descem para a plataforma. Sobre o alojamento dos oficiais, tripulantes e passageiros, ansiosos, não conseguem retirar a lona presa por cordas que protege os botes dobráveis A e B, os últimos que restam para as 1.500 pessoas que ainda estão a bordo.

Bride

Da popa vinham sons da banda. Eram peças do ragtime, não sei quais.* Phillips correu para a popa – esta foi a última vez que o vi com vida –, ao passo que eu corri para o lugar onde tinha visto o bote dobrável. Para minha surpresa, continuava ali, com os homens tentando empurrá-lo. Suponho que não havia nenhum marinheiro entre eles, pois não conseguiam movê-lo. Aproximei-me e estava justamente tentando ajudar quando uma grande onda varreu o convés e carregou o bote para o mar. Eu estava agarrado a uma das forquetas** e, quando o bote foi arrastado, fui junto com ele. No momento seguinte eu estava no bote. Mas isto não é tudo. Estava no bote, mas com o bote emborcado sobre mim. Só então me dei conta de que estava na água e submerso, pois não conseguia respirar. Precisava lutar e foi o

---

* Músicas de ritmo sincopado, em moda no princípio do século. Bride se engana, ele terá ouvido essas composições na primeira vez que desceu para o convés. Por volta das 2h a banda tocava hinos religiosos e, às 2h15min, já parara de tocar.

** Peça de metal presa na borda de pequenos barcos, em forma de U, que serve para prender o remo.

que fiz. Não sei como pude sair dali, vi que tinha conseguido ao sentir uma lufada de ar. Eu simplesmente tinha sido jogado para fora do navio. E agora o Titanic *era uma impressionante visão. De repente, rolos de fumaça e fagulhas foram lançados de uma das chaminés. Talvez tenha ocorrido uma explosão, mas não a ouvimos, eu e os outros que estavam no bote, apenas vimos aquele formidável jorro de fagulhas.*

2h20min: a seção da proa já desapareceu e agora é a popa que, com um rugido monstruoso, começa a mergulhar. As ondas sacodem os botes mais próximos. Sem demora Bride tem a companhia de 29 pessoas, que se agrupam sobre o fundo do bote virado. Congelam, pois a temperatura da água é de 2 graus negativos.

Bride

Sobrou para mim um pequenino espaço quase na borda, e tive de brigar para permanecer ali. Alguém sentou nas minhas pernas, que ficaram prensadas e se feriram contra a estrutura do fundo do bote, mas não tive coragem de pedir ao homem que se movesse. Ao redor, a visão era assombrosa, homens que nadavam e afundavam. Firmei-me onde estava, deixando que o homem entortasse o meu pé. Muitos outros tentaram subir no bote, mas ninguém lhes estendeu a mão. O bote trazia mais gente do que permitia sua capacidade e com mais alguém certamente afundaria.

Os náufragos mais afetados pela hipotermia logo começam a morrer e, dos 30 que se espremem sobre a precária embarcação, 15 não verão o amanhecer. Mais de quatro gélidas horas vão torturá-los até que o periclitante Dobrável B, rebocado por outro bote de sobreviventes, seja resgatado pelo *Carpathia*. Para alcançar a escada que pende do costado do navio, Bride, com dores insuportáveis nas pernas e nos pés, rola por cima do homem que o prensara. O homem está morto. O morto é Phillips, e Bride, na escuridão, não reconhecera o amigo e colega.

Na viagem para Nova York, e apesar de seu estado de saúde, Bride trabalhou ao lado do telegrafista do *Carpathia*, enviando mensagens dos náufragos. Algumas jamais foram entregues e outras só o foram dias depois, diz-se que por ordem de Guglielmo Marconi, que desejava preservar as notícias para negociá-las com o *New York Times*.

Após a temporada no hospital em Nova York, Bride voltou à Inglaterra e ao trabalho. Durante a Primeira Guerra, foi telegrafista do vapor *Mona's Isle*. Casou-se em 1919 com Lucy Johstone Downie e com ela teve três filhos. Sempre evitou falar sobre o naufrágio, não queria reacender amargas lembranças. Para fugir da notoriedade que perturbava o cotidiano dos sobreviventes do *Titanic*, transferiu-se para a Escócia com a família e passou a trabalhar como representante comercial. Faleceu em 29 de abril de 1956, na Escócia, aos 66 anos.

COMBATENTES DA SOMBRA

Nos anos 70, nossa antiga casa de Ipanema foi assaltada três vezes. Na última, concluí que precisava aplicar algum remédio para curar a doença de nossa segurança e então fui buscar na Rua Santana uma cachorra da qual o dono, segundo me haviam dito, queria livrar-se a toda pressa, porque mordera já meio mundo e, quando escapava da corrente, era um deus nos acuda na ressabiada vizinhança. Chamava-se Diana, mas mudei para Ciana, uma "homenagem" ao genro do Mussolini.

Num dia em que não havia ninguém em casa, um quarto cidadão carente entrou no pátio. Pelos carnês do Bolão Tricolor, que ele vendia, pude lhe imaginar a precipitada fuga: entre a porta da lavanderia e o portão da rua, deixara cair ao menos uma dúzia, com o recibo assinado na última folha. Encontrei também, com a ponta estraçalhada, a mangueira com a qual tentara se defender, o maço de cigarros, o isqueiro, duas chaves e um bolso ensanguentado. O remédio evitara o assalto, mas, sendo fascista, fora ministrado em dose excessiva, do que resultou me condoer do azarado ladrão.

Aquele sentimento me induziu a procurar o senhor Rogério para devolver aquilo que, digamos, ele deixara cair. Obtive o endereço na sede do Bolão Tricolor, na Rua Sete de Setembro, ele morava numa vila cujo nome ignoro, próxima do Hospital São Pedro, subindo o morro à direita. O carro não foi além de certo ponto, valas de detritos afunilavam a ladeira, e tive de seguir a pé. Mais acima, o humílimo casebre, onde me atendeu uma simpática moreninha, já à porta para sair.

O senhor Rogério não estava e ela não sabia quando voltava, pois não aparecera nos últimos três ou quatro dias – o que era perfeitamente compreensível. Bem, trouxe essas coisas que ele perdeu, eu disse. "Tudo isso", estranhou, "onde o senhor achou?" Na rua, perto da minha casa. Agradeceu com certa indiferença e, ao ver o carro lá embaixo, animou-se: "O carro é do senhor?". Diante da confirmação quis saber se eu ia para o Centro. Não, não ia, mas se quisesse lhe dava uma carona até a Azenha. Ah, sim, servia.

Já anoitecia. Levei-a ao Centro. No trajeto, não cessou de tagarelar e, ao desembarcar, perguntou com um arzinho sedutor se eu não gostaria de um *programa*. Que pena, respondi, já fiz o meu hoje. "Ah é? Mesmo assim, obrigada". E se foi. Por um momento não me movi, admirando-a a caminhar com pressa, resoluta, em busca das ruas escuras do Centro para mais um combate de sua guerra de incertos amanhãs.

A ANARQUIA MILITAR

A história universal tem momentos em que os humanos parecem governados, ou desgovernados, pelo Caos, o deus primigênio que, na mitologia grega, pode ter feito algumas coisas úteis, como o dia e a noite, mas era o signo da desordem antes da criação do mundo. E no caso do império romano, tais momentos podem ser também repugnantes.

Durante os anos da decadência de Roma, as tropas costumavam decidir não só quem seria o imperador, mas também quando ele deveria restituir o cetro e, eventualmente, deixar de viver. A fragilidade, a inépcia ou a ambição da maioria desses "desastres humanos" (Thomas Martin) na condução do império, fez com que este se tornasse um "joguete dos soldados" (Mikhail Rostovtzeff) e um estado em frangalhos. Roma colapsava e as fronteiras eram invadidas por todos os lados, daí derivando a elevação dos gastos de defesa, com suas danosas sequelas, e a ampliação do poder dos comandantes das legiões.

Nos 50 anos da chamada Anarquia Militar (235-284 d.C.), nenhum imperador morreu de velho. Dois se suicidaram: Giordano I e Quintilo. Quatro foram mortos em batalhas: Giordano II, Filipe, *o Árabe*, Décio e Herênio. E quinze foram assassinados: Maximino Trácio, Pupieno, Balbino, Giordano III, Treboniano Galo, Volusiano, Emiliano, Valeriano, Galieno, Aureliano, Tácito, Floriano, Probo, Caro e Carino. Sem falar nos que morreram de peste: Hostiliano e Claudio II.

Entre eles, um caso único em Roma: governou-a uma mulher, Herênia Etruschilla, esposa do imperador Décio e mãe dos imperadores Herênio e Hostiliano. Nada se sabe de sua vida após a morte dos filhos.

Mas houve outros episódios extraordinários nesse período em que a desordem provinha da caserna.

Públio Licínio Valeriano nasceu em 200 d.C. Foi cônsul substituto e ocupou um comando militar, ocasião em que foi nomeado imperador pelos soldados. Perseguiu os cristãos, como outros soberanos da época, mas concentrou seus esforços na proteção da fronteira oriental de Roma, ameaçada pelas forças da dinastia persa dos Sassânidas, que tinham substituído os partos nas disputas contra Roma. Em 260, na batalha de Edessa, em outro caso absolutamente único na história romana, Valeriano, além de perder a guerra, foi capturado pelo xá Sapor I.

Afirma Flávio Eutrópio (século IV), em seu breviário da história romana, que Valeriano "envelheceu em vergonhosa escravidão". Eutrópio errou. Segundo Lactâncio (250-325) e também Aurélio Victor (320-390), que li por via indireta, Valeriano foi assassinado no mesmo ano de sua captura. Antes, porém, o xá sassânida o manteve enjaulado e o usou como banquinho para montar em seu cavalo. "Isto também é vencer", teria dito Sapor. Quando, por fim, mandou matá-lo, fez com que fosse esfolado, tivesse a pele curtida e preenchida com estrume para ser exibida como troféu da vitória e "vergonha eterna de Roma".

MEU TIPO INESQUECÍVEL

Nos anos 60, quando eu era Chefe de Secretaria de uma vara trabalhista no interior do Estado, conheci um juiz que dificilmente esquecerei. Formara-se no Rio de Janeiro e não imagino como chegou à magistratura, o fato é que chegou e, com quase 50 anos, ainda era suplente. Nas férias do titular, assumia. Era o mês das loucuras. Não sabia despachar, eu lhe passava os autos com os despachos prontos e ele nem olhava o que assinava. Por isso, mais de uma vez tive de decidir eu mesmo questões que excediam minha alçada. Se alguém perguntasse se o juiz já despachara um dado processo, eu poderia responder, sem mentir: "Sim, ele já despachamos".

Um dia me chamou ao gabinete. Queria me mostrar fotos artísticas que fizera, uma da Lola Paulista, outra da Helena, outra da Boliviana, beldades dos bordéis citadinos em curiosos ângulos: um seio, um quadril, um tornozelo. Tinha poderosa atração por recortes do corpo feminino. Em seu apartamento, mantinha um arquivo organizado ano a ano, com nomes e medidas de busto e quadril de misses estaduais que concorriam ao título de Miss Brasil. Quando via uma mulher bonita, seu elogio sempre trazia uma remissão histórica: "Parece a Miss Ceará de 61".

Duas vezes por mês nos deslocávamos para uma cidade próxima, compreendida em nossa jurisdição. Íamos e voltávamos de trem e as audiências eram realizadas na Câmara de Vereadores. Como não sabia sentenciar, ele insistia na conciliação, ameaçando adiar o processo por causa da hora: "Já vai sair o trem, já vai sair o trem". Sempre venceu a resistência das partes, exceto, que me lembre, num processo em que o réu era um japonês. Ele discorria sobre as vantagens do acordo, e o japonês, ouvindo-as uma por uma, a cada uma que ouvia dizia sim. Perguntado, então, se aceitava o acordo, dizia não. Aquilo foi longe. Sim, sim, sim, dizia o japonês. Então aceita o acordo? Não. Ele adiou o processo e só não mandou prender o japonês porque, de fato, estava na hora do trem.

Uma de suas audiências tornou-se famosa. O empregado furtara um galo do sítio do empregador e fora despedido. A conciliação não prosperara e ele foi obrigado a instruir o processo. E era galo pra cá, galo pra lá, até que uma das testemunhas, um agrônomo pernóstico, declarou que vira "o serviçal retirar-se sobraçando o galináceo". O juiz bateu com o punho na mesa e, com um olhar que abarcava partes, advogados, testemunhas e o datilógrafo, gritou: "Os senhores estão brincando com a justiça. O que foi furtado, afinal? O galo ou o galináceo?". Como estava furioso, todo mundo se olhou, mas ninguém deu um pio ou, melhor dizendo, ninguém fez corococó.

1980: 23 PUNHALADAS

Pródigios ruidosos, conta Suetônio, anunciaram a César que a morte o esperava no Senado: um vaso achado em Cápua trazia uma inscrição ameaçadora; cavalos que consagrara no Rubicão deixaram de se alimentar e derramaram profusas lágrimas; na véspera dos idos de março, pássaros do mato afugentaram uma pomba que pousara, com um ramo de loureiro, na Cúria de Pompeu. Não foi por falta de aviso que o *imperator* defrontou-se com os punhais aristocratas.

Meu suposto augúrio foi menos nobre, foi vulgar, adequado à minha extração plebeia: no instante em que saía de casa para uma viagem ao interior do estado, cumprindo o programa Autor Presente do Instituto Estadual do Livro, a palmilha do tênis se soltou. Lembrei-me de que, dias antes, guardara um resto de cola de carpete, e então voltei para o conserto. Não acreditei que aquilo fosse um mau sinal.

Na estrada, ia considerando que nosso dezembro é um mês que excresce, sobretudo para quem, em suas noites sufocantes, viaja em ônibus comum. Acresce que os passageiros começaram a espirrar e a reclamar de um odor inusitado. Discretamente, enrolei o pé numa camisa, amarrando-a no tornozelo. Era só o que podia fazer e foi assim, maneado, que às cinco da manhã cheguei ao meu destino. Outro incidente ominoso? Não me pareceu, teria sido, antes, uma providência saneadora e até redimível. Ora, em seguida tive de admitir que, se aquilo não era anúncio de desventuras, de venturas também não era: no desembarque, não havia ninguém à minha espera, e a estação rodoviária, uma casinhola de arrabalde, estava fechada. Táxis? Um só e pegaram. Alguns passageiros seguiram em carros particulares, outros a pé com suas maletas. O ônibus também partiu e sobrei eu com meus demônios, na mais negra escuridão.

Pra que lado fica essa cidade, eu me perguntava.

Meia quadra à direita, uma vitrina dessorava frouxas simulações de luz. Imaginei que o centro seria naquela direção, mas, ultrapassando o Armarinho Fonseca, vi terrenos baldios, vi um tambo, vi um potreiro e... uma vaca na calçada! E a vaca me olhava. Dei meia-volta. As ruas perpendiculares eram de terra e segui pelo calçamento, em rumo oposto ao do armarinho. Adiante, um guarda-noturno confirmou que, a cinco ou seis quadras, encontraria a praça e o hotel.

Na portaria, o funcionário condescendeu em me dar um quarto, pois ninguém da Secretaria de Educação do município fizera a reserva em meu nome. O quarto era minúsculo, sem banheiro, com a pia num canto a recender a pungência do amoníaco. E logo um impasse: a cola atravessara a palmilha e não consegui tirar o tênis. Abri a torneira da pia, enchendo-a, ergui o pé e o mergulhei, deixando-o de molho. No espelho, quase não reconheci aquele rosto desfeito. Deus meu, disse para o espelho, vai dar tudo errado!

Dormi com o tênis ensopado e, não obstante ter dormido pouco, perdi a hora do café. Em meio ao desconforto da fome, ao menos consegui arrancar o tênis, se bem que deixando na palmilha uma moeda de carne. Deitei-me outra vez e retomei a leitura de *Dentro de um mês, dentro de um ano*, de Françoise Sagan, que iniciara sob a mortiça luz de cortesia do ônibus. Perto do meio-dia, tomei banho, me vesti e, como não levara sapatos, calcei os tênis.

– Alguém me procurou? – perguntei na portaria.

Ninguém.

– Se vier alguém, diga que fui almoçar.

A Secretária da Educação não estava na Prefeitura. Com uma fome atroz, resolvi almoçar por minha conta. Havia um bom restaurante na cidade, disse um brigadiano, mas só abria à noite, e não encontrei na vizinhança lugar que sugerisse algum asseio. Caminhava, esperançoso: talvez na próxima esquina, na próxima quadra, talvez dobrando à direita, ou à esquerda... O sol de prumo despejava sobre a terra sua fúria abrasadora. Fazia tanto calor e tão quentes estavam as calçadas que, em meia hora, o tênis secou.

Desesperado, entrei numa lanchonete e, disputando com as moscas, comi um bolo inglês.

De volta ao quarto, tirei o tênis. A ferida incomodava e tinha sangrado. Depois de lavar a meia, abri a janela e me deitei, retomando a leitura da francesa. E dormi novamente. Despertei às quatro horas, justo quando abria Feira do Livro, no salão paroquial, e me felicitei pela coincidência. Um acerto, finalmente. E a palestra para os estudantes era às cinco.

No salão, já não era sem tempo, encontrei minha anfitriã.

– Ah, o senhor chegou – disse ela.

Sim, eu chegara. Às cinco da manhã.

– Fez boa viagem? Gostou do hotel?

A Secretária era uma mulher atraente e fez praça de seus atributos até o momento em que veio um homem e a tomou do braço.

– Meu marido Sidney – ela apresentou.

– Prazer – disse ele, seco, e segredou algo à mulher, que assentiu.

– Dá licença um minuto? – ela tornou.

Afastaram-se e, à distância, percebi que altercavam. Esperei que ela voltasse, esperei em vão. Recorreu as barracas, um passeio vigiado, e quando veio ao meu encontro foi para dizer que eu não tinha nenhuma atividade à tarde e, se quisesse, podia ficar no hotel.

– Sua sessão de autógrafos é às sete.

– E a palestra?

– Foi cancelada.

Mais essa? Menos mal que podia prolongar o descanso. Além disso, desagradava-me a vigilância daquele marido, que me olhava como se fosse fazer comigo o que fizeram com César.

Retornei ao salão na hora marcada. Autografei oito livros, o último para a Secretária, a pedido de uma garota. A própria se conservava ao longe. Pouco depois, vendo-me levantar, veio desculpar-se, estava tratando de assuntos da feira, mas daí a pouco ia chegar uma pessoa para conversar comigo.

– Conversar? Sobre o quê?
– Sobre qualquer coisa.
– Eu preferia jantar.
– Essa pessoa vai levar o senhor pra jantar.

Sentei-me novamente, à espera. A pessoa chegou, a pessoa era o Prefeito. Trouxeram outra cadeira e ficamos frente a frente. Era um tipo rude e divertido. A conversa programada pela Secretária foi veloz, com dois segmentos marcantes. O primeiro, quando cruzei as pernas: descobri que, ao deixar a meia molhada na guarda da cama, secando, por distração pusera a outra. O segundo, quando o Prefeito quis saber se eu estava sofrendo com aquele calor que "torrava os bagos". Respondi com franqueza:

– Mais com a fome.
– Então vamos comer. Dona Susana nos acompanha.
– Se o senhor não se incomoda... – ia dizendo a Secretária, aflita.
– Me incomodo – ele retrucou. – O senhor pode ir também, seu Sidney – e ainda convidou três ou quatro professoras que vieram cumprimentá-lo.

No restaurante, ao nos sentarmos todos à comprida mesa, coube-me o lugar à frente da Secretária. Escolhidos os pratos, o Prefeito mencionou um problema no transporte de cargas – Sidney plantava soja –, inaugurando uma hesitante conversação. Não me dirigiam a palavra. Falavam com cuidado e me olhavam de relance. Receavam, suponho, o juízo que eu faria. Houve um momento em que, para não ficar calado, fiz um comentário absolutamente banal. Sobreveio um súbito silêncio e todos me olharam, como chegando à surpreendente conclusão de que eu era normal. Mas não exatamente igual a eles, e o Prefeito, abrindo os braços, precisou a diferença:

– O senhor é um filósofo!

A Secretária me olhou com um estranho orgulho, já Sidney o fez com o rosto contraído num esgar de ressentimento. Um Otelo agrário! E não pude refrear um ligeiro, inoportuno sorriso. Ele endireitou o corpo e perguntou à mulher:

– E a minha leva-tudo?

– Aí contigo, pendurada na cadeira.

– Ah, pensei que tivesse esquecido no salão. Não é pelo dinheiro, é o revólver.

Revólver? Não seria um punhal? Os fatos se concatenavam. Até tu, Sidney? Ele me encarava, mas, no entreato que habitualmente compete à chegada dos pratos, seu rancor se desconcentrou e ele perdeu, por assim dizer, o estribo do destino.

Perfeito.

Era a minha vez.

Ao sentar, eu desamarrara o tênis. Terminei de tirá-lo. Avancei o pé por baixo da mesa até tocar no da Secretária. Ela piscou, tentou desviar-se do contato. Insisti, travando seu calcanhar, e vi que corava, olhos muito abertos não olhando para nada. Lentamente, escalei o tornozelo, o joelho, de modo que aquele pé e seu dodói pudessem fruir suores amenos e delicados arrepios. Susana era uma mulher ajuizada. Não faria um escândalo diante de seu chefe e de um ilustre visitante, um filósofo, e suportou olimpicamente aquele torpe assédio.

Mais tarde, fizeram questão de me levar ao hotel e depois à rodoviária. Na despedida, o Prefeito quis saber o que eu achara da cidade.

– Encantadora.

– Mas o calor te seca os ossos, não?

– O que mais senti na sua cidade foi o calor humano.

Susana ia dizer alguma coisa e não disse, como se as palavras lhe tivessem fugido pela boca aberta, e apenas me estendeu a mão. E Sidney, pela primeira vez, quis mostrar-se gentil:

– Quem sabe um dia o senhor volta.

– Quem sabe. Dentro de um mês, dentro de um ano...

Apertei-lhe a mão com simpatia. Quem sabe ele tivera, naquele dia, um mau augúrio, e viera apreensivo ao meu encontro. Quem sabe era o seu dia, e não o meu, de receber vinte e três punhaladas, como César no Senado.

ESPAÇOS CÁLIDOS: A DECIFRAÇÃO DA VENEZUELA

Em 1913, alguns meses separavam o mundo da Primeira Guerra Mundial, mas os desencontros da política internacional já se faziam sentir com intensidade tal que, na história do século XX, aquele ano não chegou a registrar progressos marcantes. Num tempo em que tudo estava por fazer, 1913 colaborou com um excêntrico avião de vários motores, um tubo de Raio X e o contador Geiger. Notável foi a instalação da missão médica do Dr. Schweitzer em Lambarene, no Gabão, mas seu trabalho somente seria reconhecido com um Nobel quatro décadas depois. O mundo de 1913, se não estava em guerra, também não estava em paz, e nesse *limbus* flutuava a humanidade, em suspenso, à espera de um futuro incerto.

A Venezuela, no mesmo andamento, já não integrava a Grande Colômbia do sonho de Bolívar e iniciara sua precária caminhada independente sacudida por dissensões internas e sucessivos governos ditatoriais que a levariam a perder para a Guiana Inglesa, em 1895, valiosa porção territorial. Pouco depois passou a ser governada com mão de ferro pelo General Juan Vicente Gómez e, como boa parte do mundo, era um país amedrontado e sem rosto, que ignorava sua própria força.

Foi naquele ano minguado, numa obscura aldeia venezuelana de nome Canoabo, que nasceu o poeta Vicente Gerbasi, filho de imigrantes peninsulares. E o general que então empolgava o poder seria mencionado, muitos anos depois, num de seus livros, *Tirano de sangre y fuego*, publicado justo na vigência de outra ditadura, a de Marcos Pérez Jiménez: "Esta noche el tirano se ha ido a otra comarca y tal vez esté hablando con Juan Vicente Gómez".

Aos seis anos, ia num burrinho para a escola. Seu teatro era a pracinha de tamarindos, o Rio Capa, as casinhas baixas das ruas largas, o bairro dos negros. Sua sinfonia, os sinos compassados da igrejinha branca e, ao longe, os sininhos em descompasso dos asnos cargueiros que chegavam com mercadorias. Ao redor, a ubíqua proximidade da selva, a dominância do trópico com seus extremos e contradições exuberantes.

Deste pequeno e compacto universo, Vicente se afastou aos dez anos, quando foi levado para a Itália e passou a morar em Florença. *Che cambiamento!* Já no trajeto o menino ia se apossando do desconhecido e das marcas de seu tempo. Em Urama viu pela primeira vez um automóvel. Em El Palito conheceu o mar. Em Puerto Cabello, o trem. Nas ilhas Canárias, a cereja. E em Barcelona, já antecipando seus próprios voos no futuro, maravilhou-se com a visão de um artefato do conde Ferdinand Zeppelin. Vicente via o mundo.

A poesia se inicia quando se começa a ver o mundo.

Em Florença, esquecendo-se do espanhol, seu idioma passou a ser o italiano – quase perdida nos confins da memória sua exótica Canoabo. Mas um dia teve de voltar, e voltou, um dia, para sua terra de contrastes, ele próprio, agora, outro contraste. De Florença, berço do Renascimento, ao vale sinuoso entre um mar de serras, entre um mar de selvas, onde estava ancorada, como desde sempre, sua velha aldeia.

A diferença, senti ao regressar a Canoabo, que era quase uma selva, mas ao mesmo tempo me dei conta de que essa selva [...] era o meu mundo, muito mais do que Florença.

Não era o mesmo Vicente. Antes, apenas vivera em Canoabo. Agora tinha aprendido a amá-la, com a experiência de quem tivera outros amores e o conhecimento de outras formas de expressar esse amor. Formas de sua modernidade.

O importante é saber expressar o que é local e ser também um homem de seu tempo.

Sou um poeta rural venezuelano, com uma formação florentina em minha infância e parte da adolescência.
O problema consiste em expressar o nacional, mas levando em conta as exigências estéticas.

As exigências estéticas. Estas, soube cultivá-las não só nos verdes anos em que descobriu Dante e o zepelim, mas na práxis do jovem poeta que publicou um livro aos 24 anos, *Vigilia del náufrago*, e dirigiu diversas publicações literárias, entre elas as revistas *Bitácora, Viernes* e a *Revista del Caribe*. E no curso dos anos pôde ver seu país com uma visão dialética, de dentro para fora porque, como disse certa vez, "eu sou Canoabo", e de fora para dentro porque, ao longo de sua vida, aproximou-se de outras e diferenciadas culturas, contemplando a Venezuela através delas e do crivo da distância: foi adido cultural em Bogotá (1946-7), cônsul em Havana (1947), cônsul em Genebra (1948), conselheiro em Santiago do Chile (1958), embaixador no Haiti (1959), embaixador em Israel (1959-64), embaixador na Dinamarca e na Noruega (1965-6) e, finalmente, embaixador na Polônia (1970-1).

Publicou duas dezenas de obras, algumas traduzidas em diversos idiomas e países. A mais celebrada, *Mi padre el inmigrante*, foi publicada em 1945, um longo poema centrado na figura mítica do pai, que filtra a paisagem local. Nos 79 anos em que viveu, feitos menos de tempo do que de "sons silvestres", a síntese de sua vida e de sua contemplação é a poesia. E sua poesia é a Venezuela.

Em seus passos não houve vacilações, tendo guardado fidelidade ao canto dos pássaros, ao som dos rios, aos ruídos da noite e à palavra humana.
Freddy Hernández Alvarez

[Vicente Gerbasi] É a memória mágica do país. É nossa poesia e nosso patrimônio perdurável.
Luis García Morales

A poesia de Vicente Gerbasi, além de ser a Venezuela, salva-a, pois é "magia ou arte secreta", escreveu o poeta venezuelano Eugenio Montejo, "capaz de comunicar às palavras que usamos todos os dias uma vibração diferente, mais grata à memória". E acrescentam outros vates patrícios: "Os lugares, as lendas, o destino, seres e coisas que seu olhar faz viver, recuperam na convicção maravilhosa da palavra um sempre renovado esplendor" (García Morales), ou seja, recuperam "aquilo que nunca perderam: o mistério que a distração oculta. Olhadas pelo poeta, retomam a força originária" (Rafael Cadenas). Uma força decifrada, pois Gerbasi "escreve não para expressar, mas para decifrar sua terra" (Francisco Pérez Perdomo). Decifrada, terá o rosto que já em 1913 lhe faltava.

Este é o poeta de *Os espaços cálidos*, obra lançada no Brasil em 1988 e hoje infelizmente esquecida. O trópico e sua dialética morena: ginetes sem cabeça e pedras com forma de mão, vacas de lombo suave e ásperas frontes de serpentes, sementes se abrindo para a vida e insetos vorazes, um rio escuro e o brilho dos fogos fátuos, a quietude dos coqueiros e os gritos de antigos afogados, roupas fúnebres contrastadas por coelhos brancos, pelo sabor azul da baunilha e o violeta dos grilos de luz. De um ano minguado de um mundo em suspenso, de uma obscura aldeia de um país com medo, vem Vicente Gerbasi com o vigor e a luminosidade de um raio solar. Esquecido, mas em movimento, sempre chegando a algum coração americano. E com ele chega também sua mãe, sua filha e nossa irmã, a Venezuela.

DIÁRIO TRIVIAL SOB AS SOMBRAS

Em meados dos anos 70, era diretora do Instituto Estadual do Livro, em Porto Alegre, a professora Lígia Averbuck, cuja atuação vinha consolidando o prestígio da literatura rio-grandense em penoso capítulo da história do país – terminava o governo de um general e começava o de outro, em que a perseguição aos opositores do regime, nos primeiros anos, seria agravada com os assassinatos de Vladimir Herzog e Manoel Fiel Filho em São Paulo e a integração do Brasil na Operação Condor. Entre outros programas de notória prestância, ela criara um ciclo de palestras de escritores gaúchos em escolas do estado, tão proveitoso que todavia subsiste.

Eu já publicara um volume de contos e, pela segunda vez, fui convidado a participar do programa: faria uma palestra para alunos de segundo grau no Colégio São José, em Garibaldi, que previamente leriam o livro.

Primeiro dia

Uma semana antes, a diretora do Instituto me comunicou que a palestra fora cancelada. Não era a minha estreia em cancelamentos, mas eu continuava me surpreendendo. Quem dera a ordem? E por quê? Seria uma reprise do que acontecera no ano anterior, em escolas da Fronteira Oeste? Em Itaqui, pediram ao Instituto que eu fosse substituído. Em Alegrete, minha terra, o episódio tinha sido mais constrangedor. Estava na cidade a passeio e uma professora solicitou que fosse conversar com seus alunos para estimulá-los à leitura. Concordei, mas não houve essa conversa. Na hora combinada, a diretora da escola estava à porta do edifício e bloqueou minha entrada. Nas duas cidades, uma barricada moral: eu era autor de histórias pornográficas. Aliás, as mesmas histórias incluídas mais tarde na coletânea *Dançar tango em Porto Alegre*, que em 1999 receberia o Prêmio de Ficção da Academia Brasileira de Letras, e em 2014, 2015 e 2016 seria indicada pela Universidade Federal do RGS como leitura obrigatória para os vestibulandos.

Mas estávamos em 1976 e então era possível que eu estivesse em face à versão garibaldense de meu satanismo – o São José era um educandário religioso –, e insisti com Lígia Averbuck para que a confirmasse. Ela resistiu, alegando exigência de sigilo, mas acabou por admitir que não era por causa dos contos, não era uma deliberação do colégio, sequer do Instituto do Livro e sim da Subsecretaria Estadual de Cultura, coagida pelo Serviço Nacional de Informações, em virtude de minha antiga militância no PCB de Santa Catarina e de ter vivido na URSS.

Não acreditei.

Em minha lembrança, estava presente algo que ocorrera em Alegrete, em março de 1965, sete dias após meu retorno de Moscou. Eu viajaria para Porto Alegre, a trabalho, e meu pai me levou à estação ferroviária. Enquanto esperávamos o trem de Uruguaiana, ele foi abordado por um capitão QAO reformado, frequentador dos recintos de carteio do Clube Cassino e conhecido por seu apedeutismo. Conversaram em voz baixa. Depois meu pai contou que o oficial era um *soi-disant* agente do SNI e dissera que, em consideração à nossa família, não relataria meu *suspeito* deslocamento para a capital. Conversa fiada, segundo meu pai, e os registros militares seriam uma calamidade se fossem depender de informantes que tais. Vinha dali minha desconfiança de que, naquela conjuntura, pudesse haver dois tipos de agentes do SNI, os que de fato o eram e os que representavam sê-lo para inspirar temor e, pelo temor, ascender na escala social ou satisfazer outras e obscuras ambições pessoais.

E não acreditei também porque, ainda em 1965, comparecera a dois quartéis para prestar depoimento, no 6º Regimento de Cavalaria, em Alegrete, e no 23º Regimento de Infantaria, em Blumenau, sendo bem tratado em ambos, devo convir. Estivera preso na sede da Interpol, um sobrado na Rua Duque de Caxias nº 1705 – mais tarde demolido para dar lugar a um edifício –, aos cuidados, por assim dizer, do Comissário Aristotelino Souza, hoje nome de rua em Porto Alegre. Já não militava em partidos políticos. Embora persistisse no país o regime de força, que novo interesse teriam os militares por minha pessoa, a ponto de impedir que falasse a estudantes? Não duvidava de Lígia Averbuck, minha amiga, mas da cadeia de circunstâncias que ligava o SNI ao programa do Instituto. E para seu desgosto – ela receava que um assunto espinhoso lhe turvasse a gestão –, avisei que iria procurar o Subsecretário de Cultura, para perguntar o que causara o veto.

Segundo dia
Tive de esperar meia tarde na antecâmara do gabinete do subsecretário, num edifício de esquina da Avenida Júlio de Castilhos. Ele me recebeu já no fim do expediente. Reconheceu que suprimira meu nome, mas não o fizera a seu talante e sim como me relatara, indevidamente, a diretora do Instituto. A justificativa, que eu aceitaria de bom grado se a coação de um órgão militar realmente existisse, era a de que prejudicava a mim para não prejudicar o Instituto. Paulo Amorim, hoje nome de uma cinemateca em Porto Alegre, era um homem educado, mas nossa despedida não foi amistosa depois que ouviu de mim que sua explicação não suspendia a palestra, pois o Colégio São José era particular e até então não se opusera. De resto, tinha dúvidas sobre as notícias que me davam da tal coação e iria ao SNI para saber se tinham fundamento.

Terceiro dia
Foi o que fiz, numa segunda-feira, ou tentei fazer, não sabia onde funcionava o SNI e supus que fosse no QG do III Exército, na Rua dos Andradas. Não era. O sargento, na

portaria, negou-se a indicar o endereço certo, não gostou de minha insistência e eu já estava achando que aquilo ia terminar muito mal para mim quando, casualmente, passou pela portaria um tenente que eu conhecia, natural de Alegrete, cujo nome, infelizmente, não estou autorizado a citar. Ele disse que o SNI ocupava o quarto andar do edifício da Polícia Federal, na Avenida Paraná, e que a inteligência militar em serviço no QG era a 2ª Seção do III Exército. Não era o que buscava, mas estando tão perto, pedi ao conterrâneo que me acompanhasse até lá. Num piso superior, ele me apresentou a um major, e este, após me ouvir e, imagino, consultar algum arquivo, garantiu que ninguém dera instruções a quem quer que fosse para obstar meus deslocamentos ou participação em iniciativas culturais.

Sem querer, eu conseguira uma resposta.
Faltava outra.

Quarto dia

Na Avenida Paraná, num vestíbulo com duas poltronas, fui recebido por um funcionário civil. Guardei-lhe o nome, Luiz Antônio Matzenbacher. Depois veio um oficial e também não esqueci seu nome, Coronel Miron. Ele foi categórico: não era da competência do SNI vetar procedimentos e se alguém os vetara em nome da agência, esse alguém mentira.

Quinto dia

Já na véspera da palestra, quando preveni a diretora do Instituto que iria a Garibaldi, ela ponderou que, a despeito das novidades, o veto era uma ordem superior e tinha de cumpri-la. Mas que me despreocupasse, os alunos continuariam bem servidos: ela pedira ao professor Antônio Hohlfeldt que fosse ao Colégio São José falar sobre minha ficção. Respondi que entendia suas razões e me sentia honrado com a escolha do substituto, tão meu amigo quanto ela, mas que naquele instante mesmo ia pegar o carro para ir a Garibaldi e informar à direção do colégio que, se assim o desejasse, eu lá estaria no dia seguinte.

E foi o que fiz.

Em Garibaldi, a uma delicada freirinha, Irmã Graciosa, fiz um resumo de minha pequena contenda, uma trivialidade, afinal, se comparada a outras vivências que tivera naqueles anos sombrios. Ela me conduziu ao auditório. Das paredes, pendiam faixas com frases copiadas de meu livro e, no palco, fora montado um rude caminhão para que os alunos representassem o conto "Idolatria", em que um tímido menino viaja com seu pai.

– E eu posso vir – perguntei, hesitante.

– E como o senhor poderia não vir? – ela reclamou, acrescentando que governo algum decidia por ela e que, se eu tinha receio de ser impedido de voltar a Garibaldi, ficasse em Garibaldi e dormisse no colégio.

– Obrigado, não é preciso – eu disse –, eu venho amanhã.

Sexto dia
E fui.

ILUSTRES MALANDROS DO PANO VERDE

Durante muitos anos, no Brasil, o bilhar foi considerado um jogo de vadios e vivaldinos, que dele se serviam para sublimar a indolência ou apossar-se do que sobejava no bolso dos incautos. Em bares e salões, a má fama do bilhar – nome que se atribui ao propriamente dito e também ao *snooker* (sinuca), ao *pool* e outras variantes – parecia justificar-se, e seu conceito não era o de um esporte, tal qual o futebol ou o basquete, mas equiparado a um pôquer de cartas marcadas, como se lhe fosse da essência prevalecer o artifício sobre a habilidade, a malícia sobre a técnica.

Por influência da televisão, que no último quarto do século XX cobriu torneios brasileiros, ingleses e norte-americanos, hoje o vulgo, se ainda não cogita do bilhar como saudável exercício, passou a tolerá-lo. Nesse meio tempo, nosso bilhar se organizou. Assentou-se seu regramento para disciplinar a prática oficial, que é fiscalizada por entidades legalmente constituídas. Concorreu nessa organização o reconhecimento do bilhar como modalidade esportiva, em 1988, pelo Conselho Nacional de Desportos.

Em qualquer tempo e lugar, ele foi praticado por indivíduos de todas as camadas sociais, do indigente ao magnata; de todos os calibres de sensibilidade, do bruto ao artista; e em salões de distinta extração, das sórdidas tascas aos paços da realeza.

Luiz XI, que reinou na França nos anos 1461-83, era jogador. No século XVI, ínclita dama costumava empunhar o taco: presa em Londres por suspeita de conspiração, Maria Stuart lastimava o confisco de sua mesa de bilhar. Outro Luiz, o XIV, soberano francês entre 1643 e 1715, jogava "após as refeições", por recomendação médica. No Palácio de Versalhes, para onde levou a corte em 1682, montou uma sala de bilhar. Maria Antonieta, a rainha de Luiz XVI, também mantinha uma mesa no seu apartamento em Versalhes.

Nos 500 anos que nos separam de suas notícias inaugurais, o bilhar empolgou inúmeros representantes do mais soberbo gênio humano, e a arte, sobretudo, está minada desses "vadios e vivaldinos" do pano verde. Shakespeare, vejam só. O glorioso Cisne devia conhecer e apreciar o bilhar para se permitir, em obra da maturidade, este anacronismo:

CLEÓPATRA: Dai-me música, alimento de todos os que o amor mantém.
CRIADO: Olá, música!
(Entra Mardian)
CLEÓPATRA: Não, deixemos. Vamos ao bilhar. Segue--me, Charmian.
CHARMIAN: O braço me incomoda. Por obséquio, jogai com Mardian.
CLEÓPATRA: Tanto faz ser nosso parceiro uma mulher como um eunuco. Vamos, senhor, quereis jogar comigo?
MARDIAN: Quanto em mim estiver, senhora.
CLEÓPATRA: Quando há boa vontade, embora saia tudo aquém da expectativa, desculpa-se o ator.*

A rainha do Egito viveu no século I a.C., quando o bilhar não existia, ou só teria existido na mente de um poeta cujos dons voavam mais alto do que a chã filosofia do pormenor. Desculpa-se o autor.

Outro contemporâneo, Spenser, também menciona o jogo, num poema em que satiriza personalidades e mazelas da era elizabethana:

Ele sabia diverti-los de mil maneiras:
com todos os jogos conhecidos dos esbanjadores;
com pantomimas e com bailes de máscaras mil;
com dados, cartas, o tão impróprio bilhar, petecas,
com tudo que destoasse de uma inteligência viril.**

---

* SHAKESPEARE, William. *Antônio e Cleópatra*. Ato II, Cena 5.
** SPENSER, Edmund. *História da Mãe Hubbard*. Tradução de Beatriz Viégas-Faria.

Para o tradutor inglês de Homero, George Chapman, o bilhar não era tão "impróprio". Em peça de 1598, recomenda-o, atribuindo a um personagem a seguinte fala: "Vai, Aspásia, procurar algumas damas que poderiam jogar com você o xadrez, o bilhar e outros jogos".*

O amigo de Shakespeare, Ben Jonson, faz sua alusão com um símile que seria empregado pelos modernos observadores espaciais, na descrição de planetas e satélites: "Liso e redondo como uma bola de bilhar".** Outro inglês, o poeta Francis Quarles, transfere o bilhar das baiucas londrinas para as galerias do céu: em sua obra mais celebrada, inclui uma ilustração com dois anjos jogando em mesa com caçapas. Sem demora o bilhar volta à Terra e se difunde, batendo à porta do ateliê e da biblioteca: datada de 1694 é a pintura francesa que retrata a Duquesa de Borgonha em suas tacadas, e no século seguinte o escritor e lexicógrafo inglês Samuel Johnson já refere o bilhar em seu dicionário de língua inglesa.***

É o século de Mozart, um entusiasta. Numa de suas casas de Viena, a mesa ocupava o aposento principal, com duas janelas para a rua. Diz-se que, em meio a uma partida,

---

* ENCYCLOPAEDIA BRITANNICA. v. 3, p. 566. Edição de 1959.
** JONSON, Ben. *O demônio é um asno*. Ato II, Cena 6.
*** JOHNSON, Samuel. *Dictionary of the english language*, 1755.

constatando que o oponente o espetara, pôs-se a refletir sobre a próxima tacada e a cantarolar de boca fechada. O fragmento tanto lhe aprouve ao gosto que o usou no primeiro ato de *A flauta mágica* (1791), na ária do falastrão Papageno, quando as damas da rainha da noite lhe cerram a boca com um cadeado. Esta feição de Mozart não foi esquecida no filme norte-americano *Amadeus* (1984), dirigido por Milos Forman. Em certa cena, tentando desvencilhar-se das encomendas recebidas sem abrir mão de seu lazer predileto, Mozart compõe sobre a mesa de bilhar, atirando bolas a esmo.

Napoleão, ao menos durante o Consulado (1799-1804), pode ter sido adepto, pois Josefina, ao proceder a uma reforma no Castelo de Malmaison, reservou uma sala do primeiro piso para a mesa e seus apetrechos.

No século XIX, inúmeros poetas incluíram o bilhar em poemas que, ainda hoje, não dispõem de tradução para o português:

> Piet Hein (holandês), em *Atomyriades*
> Percy Shelley (inglês), em *Julian and Maddalo*
> Lewis Carroll (inglês), em *The hunting of the snark*
> Charles Stuart Calverley (inglês), em *Beer*
> W. S. Gilbert (inglês), em *The humane Mikado*
> Banjo Paterson (australiano), em *Hay and hell and booligal*
> Henry Lawson (australiano), em *Peter Anderson and Co.*

Edwin Arlington Robinson (norte-americano), em *Doctor of billiards*
Hilaire Belloc (francês), em *George*.

Ainda no *Ottocento*, o introdutor do romance realista em Portugal não era infenso ao jogo. Em várias páginas d'*O primo Basílio* (1878), Eça de Queiroz reporta-se ao bilhar, destacando-lhe os ares de nobreza:

> *A folhagem verde-escura e polida dos arbustos de camélias fazia ruazinhas sombrias; pedaços de sol faiscavam, tremiam na água do tanque; duas rolas, numa gaiola de vime, arrulhavam docemente; — e, no silêncio aldeão da quinta, o ruído seco das bolas de bilhar tinha um tom aristocrático.**

No capítulo III, Eça leva Basílio a evocar partidas que, na adolescência, jogava com a prima Luísa, e no V descreve confronto em que o Visconde Reinaldo, apoiado no taco, observa o parceiro. E logo, "todo estirado sobre o bilhar, com uma perna no ar, para dar com mais segurança o efeito", erra a jogada e deixa escapar um murmúrio rancoroso. Em *Os Maias* (1888), são frequentes as passagens em que a mesa sobressai, e numa delas o Marquês de Souselas esvazia os bolsos do Conde de Steinbroken, ministro da Finlândia. Decorridos três anos, aparece o póstumo *As cidades e as serras*, em

---

* QUEIROZ, Eça de. *O primo Basílio*. Capítulo I.

que Eça inculca a nuança aristocrática do bilhar, "forrado de velhos couros de Córdova" e instalado no palácio parisiense de Jacinto de Tormes, nos Champs-Élysées 202.

As artes plásticas voltariam a focalizar o jogo em dois momentos: em 1869, Henry O'Neil pinta o quadro que hoje se encontra no salão do Garrick Club, em Londres, reproduzindo disputa em mesa de seis caçapas, assistida por uma multidão, e em 1888 Van Gogh executa *Café à noite*, destacando a face sombria dos salões, obra pertencente à Universidade de Yale, nos Estados Unidos. Uma cópia do *Café à noite* decora o local onde se desenvolve uma das cenas de *Um bonde chamado desejo* (1947), de Tennessee Williams, drama ambientado em New Orleans.*

Em 1932, o belga Georges Simenon publicou uma novela com dada singularidade: o Comissário Jules Maigret retorna a Saint-Fiacre, onde nasceu, para investigar possível crime em que a vítima é a proprietária do castelo de que seu falecido pai foi administrador. No sossegado bar-café de um vilarejo próximo, Maigret avista um dos suspeitos a carambolar. Simenon, um perito em reduzir a narrativa ao essencial, escorrega em imagem de canhestra inspiração:

*A orquestra iniciou uma valsa vienense que, curiosamente, acompanhava o som das bolas.***

---

* WILLIAMS, Tennessee. *Um bonde chamado desejo*. Cena III.
** SIMENON, Georges. *O caso Saint-Fiacre*.

O snooker entra ligeiramente na sala do cinema em 1942 com *Take a letter, Darling* (Ela e o secretário), comédia romântica dirigida por Mitchell Leisen, em que um dos sócios de uma agência de publicidade diverte-se durante o expediente jogando numa pequena mesa.

Nessa primeira metade do século XX, cintilava o condão musical de Heitor Villa-Lobos. Sua obra não se relaciona com o repique das bolas, mas ele mesmo era jogador. Curiosa coincidência: a mãe o queria médico, e uma das pessoas que o encaminharam para a música foi o violonista e compositor cearense... Sátiro Bilhar!

Em 1961, o jogo empolga a tela com *The hustler* (Desafio à corrupção), filme de Robert Rossen. "Fast" Eddie Felson quer ascender no meio da sinuca profissional. Ele é discípulo de um brilhante, mas perverso jogador. O sonho de ambos é bater o primeiro taco da região, Minnesota Fats. Eddie vence, mas o sucesso não corresponde exatamente ao que pensava.

Também nos anos 60 aparece no Brasil o primeiro tributo ficcional ao bilhar, um conto do paulista João Antônio, "Meninão do caixote".* Narra o passo crucial da vida de um menino que renuncia à perdição dos salões, em

---

* ANTÔNIO, João. *Malagueta, Perus e Bacanaço.*

retribuição aos sacrifícios que a mãe faz para educá-lo. O protagonista, de pequena estatura, usa um caixote para obter melhor posição à mesa, ideia que João Antônio talvez tenha ido buscar na biografia do ex-campeão mundial de snooker, John Pulman, que aos 9 anos, no salão de Exeter em que seu pai era gerente, subia num caixote para nivelar-se ao campo de jogo. Ou, quem sabe, no que se conta sobre João Martins Gabiais, afamado jogador nascido em Buriti Alegre (GO), ou sobre Jesus Gabriel Sánchez, o *Zinho*, um campeão natural de Uchoa (SP): ambos, na adolescência, valiam-se de idêntico recurso.

Pouco depois (1967), o espanhol Fernando Arrabal faz representar uma peça cujo tema é a solidão e a loucura. Dois homens numa ilha deserta, um inculto, primitivo, o outro civilizado, sobrevivente de um acidente aéreo, e este, que em seu delírio prefigura-se imperador da Assíria, lembra suas especulações teológicas: "Sabe que apostei a existência de Deus no bilhar elétrico? Se em três partidas eu ganhasse uma, Deus existia".*

No final da década, a sinuca inspira diversas cenas da revolucionária novela brasileira *Beto Rockfeller*, exibida na TV Tupi de 4 de novembro de 1968 a 30 de novembro do ano seguinte. Pela primeira vez um herói televisual é um anti-herói. Escrita por Bráulio Pedroso e com direção de Lima Duarte e Walter Avancini, focaliza indivíduos de uma classe inferior tentando alcançar o *high life* através de expedientes pouco recomendáveis, como um golpe na sinuca.

---

* ARRABAL, Fernando. *O arquiteto e o imperador da Assíria*. Ato I, Quadro 2.

Em 1971, o jogo reingressa em nossa literatura pela pena de um autor que, como João Antônio, era praticante: em seu romance de estreia, *Os novos*, o mineiro Luiz Vilela recupera as vivências da mocidade nos anos subsequentes ao golpe militar de 64. Num dos capítulos, o diálogo, como diria Simenon, é acompanhado pelo som do entrechoque das bolas.

Na mesma época, outro mineiro, Libério Neves, escreve um conto narrando a trajetória de um jogador cujos triunfos são interpretados pelos adversários como lances de sorte. Ele finge acreditar, para não perder a fonte de renda. Em avançada idade, que lhe afeta a técnica, se alguém comenta que é um grande jogador, ele finge que de fato ainda o é. O conto, "Tempo de fingir", foi publicado no *Diário de Minas*. Não incluído em livro, perdeu-se. Seria autobiográfico? Diz-se em Minas que Libério custeou seus estudos com o que ganhava nos salões.

Nos anos 70 são rodados dois filmes brasileiros que ainda remetem a sinuca ao círculo dos salafrários. Em 1973, *Vai trabalhar, vagabundo*, de Hugo Carvana. Posto em liberdade após um período na prisão, o protagonista idealiza uma partida de sinuca entre os maiorais da cidade, ao mesmo tempo em que tenta conseguir dinheiro para apostar. Em 1977, *O jogo da vida*, baseado no livro *Malagueta, Perus e Bacanaço*, de João Antônio, com direção de Maurício Capovilla e a participação, em pequenos papéis, de notórios jogadores como Carne Frita, Joaquinzinho e João Gaúcho, este ainda hoje frequentador dos salões porto-alegrenses, onde é conhecido como Zé da Ilha. Um grupelho de espertalhões pretende enganar alguns tolos num jogo que deriva da sinuca.

Em 1979, Luiz Vilela volta ao tema em breve novela: o personagem, submetido a uma fatalidade, revê os anos da juventude, fruídos na companhia da amigos, no salão de sinuca da cidade natal.*

Em 1986, Martin Scorsese faz a continuação de *The hustler* com o título de *The color of the money* (A cor do dinheiro). "Fast" Eddie Felson, agora um representante de bebidas acoólicas, encontra-se com um jovem de inusitado engenho, Vincent Lauria. Resolve torná-lo um profissional completo, e tomam ambos a estrada em busca de adversários.

Em 1989, nova investida do cinema norte-americano, *Kiss shot* (Virando a mesa), dirigido por Jerry London. A dama perde o emprego justamente quando vai vencer uma dívida hipotecária, e recorre ao bilhar para obter a recuperação financeira. No mesmo ano, em São Paulo, Ugo Giorgetti roda *Festa*. Um músico, um jogador de sinuca e um velho decadente são contratados para entreter os convidados em festa da alta sociedade, e como não são chamados para se apresentarem acabam testemunhando uma sucessão de absurdos.

Passa o século, mas o interesse da arte pelo jogo não passa e, em Porto Alegre, ele empolga três mestres da pintura, da escultura e da fotografia. Nelson Jungbluth a focaliza numa de suas telas. Xico Stockinger não a reproduziu em seus instigantes sonhos de ferro e mármore, tampouco Flávio Del Mese em suas exóticas imagens de mundos remotos, mas ambos foram jogadores e o primeiro montou a mesa

---

* VILELA, Luiz. *O choro no travesseiro.*

na mesma dependência em que conservava sua celebrada coleção de cactos.

Um último registro, novamente no cinema: *Meu tempo é hoje* (2003), documentário de Izabel Jaguaribe sobre o cantor, instrumentista e compositor Paulinho da Viola. A trajetória do artista é narrada através de seus mestres, amigos e familiares, com janelas para sua rotina como marceneiro de tacos de sinuca e praticante. No tradicional salão da Sinuca Guarani, na Praça Tiradentes (RJ), Paulinho dá suas tacadas na companhia de um exímio jogador, Walter Brasília.

Em todas as suas modalidades, o bilhar segue congregando um número crescente de aficionados de ambos os sexos, indiferentes ao vetusto preconceito. É apenas um esporte, como o futebol e o basquete, cujo objetivo também é impulsionar uma bola à caçapa. A bola na sinuca é menor, mas para quem usa o taco a paixão é maior, sentimento em que o jogador, na história das artes, está acompanhado de malandros mais ilustres do que o comum dos mortais.

O COMPANHEIRO

Erico, eu o conheci em meus 19/20 anos, na sala da chefia da Enfermaria 38 da Santa Casa de Porto Alegre, a sede da Cátedra de Terapêutica Clínica da Faculdade de Medicina da UFRGS antes da inauguração do Instituto de Clínicas. Ele era paciente do catedrático, que por sua vez era meu tio – irmão de meu pai –, o médico Eduardo Faraco. Eu já escrevia, embora nada tivesse publicado, nem mesmo em jornais ou revistas, e ao me deparar com alguém que era o que eu ambicionava ser, senti um misto de pudor e deslumbramento. Erico me olhava, o rosto trigueiro, indiático, inexpressivo, já o olhar era atento e ligeiramente divertido. Por certo notou meu embaraço e tratou de me deixar à vontade. Foi tão cordial e afetuoso que parecia que era ele o tio.

Passaram-se alguns anos sem que o visse novamente.

Em 1962 eu residia em Santa Catarina e, no final do ano seguinte, fui para a União Soviética, retornando em 1965 para morar em Uruguaiana. De Erico tinha notícia pelos jornais, ele acabara de publicar *O senhor embaixador*. Em 9 de agosto de 1965 ele escreveu do Rio de Janeiro para meu tio, contando que a carreira do romance era exitosa. Em São Paulo, fizera uma sessão de autógrafos de três horas. No Rio, duas sessões de duas horas cada uma. A convite, estivera na Academia Brasileira de Letras, visita que referia, jocosamente, como uma "viagem à aurora do mundo". Erico não era um entusiasta dos coxins e fardões acadêmicos. Muitos anos antes, convidado insistentemente por Vianna Moog a candidatar-se à ABL, teria dito que sim ao autor de *Um rio imita o Reno*, mas acrescentando: "Na tua vaga".

Em 1967, algumas histórias (ou *estórias*, como ele preferia) que eu escrevera lhe chegaram às mãos através de Tio Eduardo. Pouco depois, recebi uma carta dele. Comentava o que lera e ia além:

Vai então pensei assim: será que esse moço vai continuar a escrever e portanto seguir os caminhos, quase sempre duros e ásperos que encontra o escritor novo em nossa terra? Pensei no Alegrete e comparei-o com a minha Cruz Alta. Identifiquei-me com você. Até aos vinte e cinco anos vivi em minha terra natal. Apenas os livros que eu recebia de São Paulo (entre eles algumas obras em inglês da velha Coleção Tauchnitz) me ligavam com o resto do mundo. O meu burgo não me dava estímulo. Muitas vezes estive a pique de desanimar. Todas essas lembranças me fizeram pensar em você e em sua situação. Está claro que o Alegrete de 1967 está muito, muito mais perto do mundo do que a Cruz Alta de 1930. E o simples fato de vocês terem aí esses Cadernos do Extremo Sul *é muito significativo. Mas uma coisa continua inalterada. Se em 1930 era difícil para um sujeito do interior fazer carreira literária, em 1967 talvez seja ainda mais problemático. Assim aqui estou para lhe perguntar o que é que pretende fazer, o que é que está fazendo agora, quais são os seus planos etc. Gostaria de conversar com você, não porque me julgue detentor da fórmula literária mágica, mas porque, com empatia de romancista, me ponho na sua pele e sinto, adivinho seus problemas. Faço-lhe aqui um convite. Quando vier a Porto Alegre, venha à minha casa, de preferência à noite. Ou durante o dia se for um sábado. Creio que uma experiência de 35 anos de literatura não é para desprezar.*

A carta é de 8 de agosto. Eu não quis acreditar que significasse um reconhecimento de meus méritos, que ainda hoje, em minha opinião, são bem pequenos. A iniciativa dele teria sido uma homenagem a meu tio, do qual, além de paciente, era um grande amigo. Isto queria dizer que a amável justificativa para seus comentários, a seguir transcrita, poderia ser interpretada *contrario sensu*:

E note que não lhe estou dizendo estas coisas por ser você sobrinho do Eduardo, mas unicamente porque descubro talento e vigor no que você escreveu [...].

Respondi em seguida, aludindo aos meus apertos de iniciante, e a chegada de uma segunda carta, datada de 4 de setembro, levou-me a pensar que seu interesse talvez não derivasse apenas de meu parentesco, talvez ele achasse que valia a pena me ajudar. Ele discute minhas dúvidas, minha insegurança:

Aos sessenta e dois anos de idade estou também cheio de dúvidas e descontentamento quanto ao que escrevo. Mas reconheço que meus limites são esses... e que se vai fazer? É na sua idade, Sergio, que a gente tem licença de errar, tatear, buscar, sem maiores preocupações. O que vale é o ímpeto criador, e esse você tem, sem a menor dúvida. Deixe os cuidados e exigências maiores para o tempo em que se avizinhar da meia-idade ou da velhice.

Remete à falta de estímulo os obstáculos que eu encontrava:

[...] não só do ambiente local como também do estadual. O Rio Grande está meio estagnado em matéria de literatura, por culpa talvez dos homens da minha geração. Meus companheiros nada mais leem, nada mais querem fazer. Entraram numa aposentadoria não só do corpo, mas também do espírito. As exceções são poucas.

Manifesta esperança na geração consecutiva, citando Paulo Hecker Filho, Wilson Chagas, José Paulo Bisol, Santiago Naud, Carlos Nejar, Lya Luft, Lara de Lemos e Carlos Legendre, mas observa:

Os novos estão desamparados: não encontram editores. É natural que culpem os mais velhos. Acontece, porém, que nós abrimos a nossa picada praticamente sozinhos. Ninguém pode ajudar ninguém de maneira profunda. Acredito que uma palavra de estímulo ajude. Amizade ajuda. Mas a criação artística é um ato solitário. Agora, falando nos aspectos práticos, temos um fator positivo que é o editor. Ora, literatura e comércio são coisas diferentes. É um casamento desigual que quase sempre acaba em divórcio e ódio. O que nos falta no Brasil são editoras universitárias, como as dos Estados Unidos, que publicam o que é bom literariamente sem olhar seu valor comercial. O nosso Instituto do Livro poderia preencher essa finalidade. Os famosos concursos literários são inócuos, na minha opinião. O interessante seria que o Instituto publicasse os novos merecedores disso por uma comissão de alto nível.

Não esquece nem a menção que eu fizera aos fatos que muitos anos depois seriam relatados em *Lágrimas na chuva*, sobre minha temporada em Moscou:

Outra coisa: sua decepção ideológica, digamos assim, tem muito a ver com seu estado de espírito. É um nicho que de repente se esvazia. E quanto ao seu URSS, estou de acordo com você. Há o perigo de ser usado para propósitos que você reprova. Se a experiência russa sob certos aspectos foi um fracasso e é uma desilusão, por outro o que temos do lado de cá não é nada edificante e não merece o nosso apoio. Lembre-se de Camus. Sobreviveu bravamente à sua desilusão do comunismo. E que grande sujeito ele era! E que grandes livros escreveu!

É uma tolice a gente dar conselhos. Mas... por que não pensa em botar em romance a sua experiência pessoal? O homem que vive numa cidade pequena e que um dia tem a oportunidade de viajar. Tudo na forma de uma espécie de diário. Creio que muitos dos perigos que você prevê poderiam ser contornados, pois o leitor ficaria sabendo que v. também não aprova o que vê do lado de cá. Uma cidade como o Alegrete é um assunto excelente. E o fato de você ter por um lado sangue estrangeiro é mais um elemento interessante para o romance. Tente isso. Ou, melhor, pense nisso.

A carta é longa, duas páginas compactas datilografadas em espaço 1, mas ele ainda se desculpa por não tê-la escrito como gostaria:

Estou escrevendo esta carta às carreiras, para não deixar a sua sem resposta. Na verdade, não é a carta que eu desejaria escrever. Acontece, porém, que minhas personagens estão acenando freneticamente, e eu tenho de entrar agora numa nova dimensão. Quando vier a Porto Alegre apareça aqui em casa. Renovo o convite. Com exceção dos sábados, estamos todas as noites perto duma lareira à espera dos amigos. Dormimos tarde. Teremos bastante tempo para conversar.

No ano seguinte, 1968, Erico e a esposa viajaram. Em carta de 13 de junho para Tio Eduardo, remetida de McLean, na Virginia, ele descreve sua perambulação, que deveria ser imputada ao seu "apetite geográfico, essa vontade de conhecer terras e povos". Bruges, Bruxelas, Paris, Nice, St. Paul de Vence, Cannes, Roma, Taormina, Messina, Roma de novo, Veneza, Viena, Praga, Viena outra vez, Salzburgo, Zurique, Basel, "e uma viagem noturna da Suíça até Ostende, atravessando de novo a Alemanha, Luxemburgo e Bélgica, para pegar o vapor que nos levaria a Londres".

Permaneceu algum tempo nos Estados Unidos e, de retorno ao Brasil, não deixou de responder, e com que elegância, ao cartão em que eu dizia não ter gostado de *O prisioneiro*, ou, por outra, que só gostara depois da página 100, quando a novela intensifica sua ação. A carta é de 3 de janeiro de 1969:

Li com atenção o que me dizes sobre O prisioneiro. *Curioso, o Brenno Silveira, teu conterrâneo, me assegura que gostou da novela até a página 100... Creio que com o diálogo eu procurei não só economizar espaço e tempo (pois um livro desse gênero não deve ser longo) como também revelar a psicologia das personagens. E depois, como é mais agradável e mesmo natural usar o diálogo e reduzir ao mínimo a intervenção do escritor! Se eu quisesse descrever a situação com palavras minhas correria o risco de dar ao livro um ar de editorial... Enfim, cada leitor sente de um modo todo pessoal as coisas que lê. Nisso é que reside a dificuldade e ao mesmo tempo o encanto da ficção.*

Ao menos eu acertara ao pensar que a página 100 da novela implicava mudanças. O Dr. Brenno Silveira, coincidentemente, era nosso vizinho em Alegrete, médico de nossa família e, como tal, assistira minha infância e adolescência. Não obstante tal intimidade, creio que tínhamos, o doutor e eu, algumas divergências literárias...

Pouco depois, no dia 20, um bilhete:

Eu não sabia que você estava morando em Porto Alegre e tão perto de nossa casa... Escrevi-lhe um cartão logo que voltei do estrangeiro e enderecei-o ao Alegrete. Por que não aparece por aqui à noite, num dia de semana, para uma prosa? Eu só trabalho durante o dia. [...]. Cheguei aos 63 e vejo pouco tempo pela frente... Sinto dentro de mim uns 5 livros. E vejo mais de 100 que desejo e preciso ler.

No mesmo ano, outro, escusando-se por demorar na resposta a uma carta minha:

Você já deve (e com razão) estar pensando coisas horríveis por causa do meu silêncio. Mas não respondi à sua carta de 20/8 porque há três meses não leio correspondência. Tive de fazer isso para poder terminar um livro que aparecerá em novembro próximo. Tenho acompanhado sua colaboração no Caderno de Sábado. Tenho gostado muito de suas estórias. Mas precisamos conversar. Por que não aparece? Agora minha casa anda mais sossegada. Mafalda e eu temos ouvido música à noite, sozinhos. Por que não trazes tua senhora? Parabéns pelo nascimento da filha! Quando apareceres, conversaremos sobre os teus trabalhos, os meus e os dos outros.

Ainda 1969, em 5 de dezembro, por causa de algo que eu perguntara, ele refere alguns dos 16 livros que traduzira, como *Mas não se mata cavalo*, de Horace McCoy, *Ratos e homens*, de John Steinbeck, e *Felicidade*, de Katherine Mansfield, e acrescenta:

*Termine*i Israel em abril, *prestes a aparecer. Estou mexendo num novo romance de ambiente brasileiro e atual. Em suma: procurando barulho.*

Incidente em Antares, imagino.
Vontade eu tinha de visitá-lo, mas não o fazia para não tomar seu tempo. Estive apenas duas vezes em sua casa, e a primeira foi em 1967, quando ele me convidou para visitá-lo.

Era um sábado. Érico estava só e eu muito animado, poderia falar de minha insegurança, minhas dúvidas, e ouvir conselhos de quem enfrentara idênticas dificuldades e as superara. Por um minuto, acreditei que aquela era uma das noites mais importantes da minha vida. E ela durou apenas um minuto, chegou outra visita, justamente o meu tio Eduardo Faraco. E de saída me encilhou: então eu me escarranchara na poltrona favorita do dono da casa? Lá estava eu feito um pimentão. Levanto? Não levanto? E a poltrona me abrasava o lombo e o traseiro. Aquele meu tio tinha cada uma... e não era a primeira vez. Se num momento era capaz de ajudar um vivente a crescer, em outro era capaz de apequená-lo, como a deleitar-se num teatrinho de fantoches. Isto é, vamos deixar claro quem tem as rédeas de seu destino, OK?

Erico fez um gesto, apaziguando-me. E passamos a conversar. Se eu dizia A, meu tio dizia B, e logo se apossou do alfabeto inteiro. Era sempre assim. Onde chegava, reinava, e os outros, ao menos parte deles, rendiam-se à consistência de suas reflexões e ao fulgor com que as expunha. A outra parte, submetida a um continuado silêncio, rendia-se menos. Naquela noite, estuava-lhe o verbo. Seu primogênito ia para o quarto mês e ele dissertava sobre as descobertas de pai estreante e madurão. Porém, algo o intrigava: o bebê levava as mãozinhas ao rosto, ferindo-se. Segundo o Dr. Rinaldo De Lamare, em *A vida do bebê*, é no quarto mês que a criança se compenetra do uso dos dedos – meta-se o chocalho na mão inquieta –, mas meu tio jamais se contentaria com esta ou qualquer outra explicação prosaica:

do particular passou ao geral, elaborando, com poderosa retórica, uma teoria psicopatológica sobre a autoagressão que não descartava o estigma do Pecado Original. E ela, a autoagressão, ganhava concretude, ubiquidade, parecia estar grudada desde sempre em cada um de nós, sem que em tempo algum tivéssemos sequer suspeitado de sua bíblica companhia. Erico nada dizia e o rosto dele parecia o de um inglês. Quando meu tio se despediu, eu estava exausto e me despedi também. Erico nos levou até o portão e ali defronte estava o automóvel de seu médico, um luxuoso Ford Galaxie, imaculadamente branco. Suponho que era o momento esperado pelo fleumático paciente para dar sua opinião. "Meu caro", disse ele, "isto aí é que é autoagressão."

A segunda vez foi quando dei uma carona a Mario Quintana, já nos anos 70. Nessa época eu me encontrava frequentemente com o poeta. Procurava-o no *Correio do Povo*, onde eu mantinha uma coluna no Caderno de Sábado, e às vezes ele ia me ver no meu trabalho, a poucas quadras do jornal. O poeta me considerava um de seus "chatos prediletos". Um dia ele pediu que o levasse à casa de Erico. Desejava fazer uma visita ao amigo, por conta do aniversário anterior. Combinamos marcar a data, mas por um motivo ou outro eu não tomava a iniciativa. De vez em quando ele cobrava: "E o Erico?". E marcávamos para um dia tão incerto que equivalia a não marcar.

Pouco depois da última combinação descumprida dei com ele no corredor da redação e, antes que me reclamasse a falta, menti que o assunto já estava encaminhado. Ele reagiu: "Não precisa mais, fica pro outro aniversário".

Apressadamente telefonei ao Erico e à noite fui buscar meu caroneiro no Hotel Majestic.

Na casa do aniversariante estava José Otávio Bertaso, editor de ambos, Erico e Quintana. O poeta, sendo suas visitas tão raras, foi muito festejado, e a esposa de Erico, Mafalda, presenteou-lhe com um par de meias de lã. Imagino que seriam muitos os pares que ela costumava lhe dar, pois ele comentou: "A Mafalda pensa que sou uma centopeia".

A conversação, porém, não evoluía, truncava-se, e a causa era uma só: o homem do *Caderno H* estava pouco à vontade, respondia quase só por monossílabos, eu me preocupava e acabava ficando meio sem jeito. A noitada durou pouco e quem a salvou foi Bertaso, que fazia divertidas provocações ao autor de *O tempo e o vento*, acusando-o de atrasar por gosto a publicação de suas memórias, de ficar desenhando figurinhas em vez de escrever a parte que faltava de *Solo de clarineta*. Erico se justificava: as figurinhas eram o aquecimento do atleta.

Na saída, Erico nos acompanhou até a calçada. Embarcamos no carro, mas não dei logo a partida. Esperei que o dono da casa entrasse e perguntei ao poeta por que falara tão pouco com seu amigo. "Vou falar do quê", disse ele, muito agitado, "eu venho na casa dele pra falar mal do Bertaso, e se chego aqui e encontro o Bertaso!" Tinha razão.

No período 1968-71, em que fomos quase vizinhos em Petrópolis, ocasionalmente conversávamos na rua, durante as caminhadas que ele dava com sua Mafalda. Mas havia as cartas, os bilhetes, e era neles que o sentia mano a mano. Ele lia meus contos no Caderno de Sábado do *Correio do Povo* e me noticiava suas impressões, nem sempre favoráveis. Atitude que não se esgotava no estímulo de um bilhete: mais de uma vez aproveitou a caminhada – quanta grandeza! – para deixar o recado na caixa de correspondência de meu apartamento. Como em 5 de janeiro de 1970, quando já devia estar trabalhando no primeiro volume de suas memórias:

Bilhete rápido para lhe dizer que gostei muito de sua estória que apareceu no Correio do Povo *de domingo último* [na verdade, sábado]. *Único reparo: a palavra umente, que me pareceu um pingo "roseano" em sua prosa tão pessoal e independente (há uma outra palavra do mesmo tipo que também me soou falsa, não me lembro qual é).*

A última carta é de 31 de julho de 1974. Nessa altura, suas relações com meu tio já não eram de médico-paciente e tampouco de amizade, estavam afastados desde 1971. Ele lera meu primeiro livro, *Depois da primeira morte*. "Pulando por cima duma montanha de livros recebidos nestes últimos cinco meses e das 250 cartas que ainda não respondi", estimulava-me a persistir na ficção, sempre com a mesma solicitude, o mesmo afeto, o mesmo respeito, como se fôssemos dois iguais em talentos, como se não tivesse ele uma obra estupenda, traduzida para dezenas de idiomas, e não fosse eu um plumitivo tentando descobrir o caminho da literatura. E, bem-humorado, aludia aos seus afazeres:

Estou trabalhando muito [...]. Sinto que ainda tenho alguma munição, mas reconheço que na vizinhança dos 69 a gente já vai se retirando do campo de batalha. Nesse caso o que importa é pelear. Passa muita gente por esta casa. Uma noite destas tive aqui 30 pessoas. O telefone não cessa de tocar. Sempre é alguém que me pede alguma coisa. As professoras mandam os alunos fazerem "pesquisas" sobre um escritor. E aí entra o que eu chamo "a linha de menor resistência". O escritor escolhido sou eu. E os espertinhos dos estudantes (cartas de várias localidades do Brasil) fazem perguntas tais que no fim quem faz a "pesquisa" para eles é a vítima, isto é, o escritor escolhido para o "estudo". Estou metido em meu porão desunhando o segundo volume do SOLO e já sabendo que terei de escrever um terceiro (bom, o Gilberto Amado dividiu sua autobiografia em cinco ou seis tomos).

Adiante, previne:

Mas voltemos ao seu livro. Não me enganei quando li pela primeira vez um escrito teu. Não me pedes conselho, mas não resisto à tentação de te dar um. Este: não liga muito à crítica. Há excelentes críticos, claro, mas a maioria deles é formada de moços apressados que podem por alguma razão não gostar de ti pessoalmente ou então, o que é mais provável, podem achar que é mais fácil chamar a atenção do público atacando do que elogiando os livros que aparecem.

E insiste no convite para a visita: "Gostaria muito que viesses um dia à nossa casa. Mafalda, que é tua amiga como eu, também participa desse desejo". E a certa altura: "A saúde felizmente vai bem, tão bem que às vezes chego a ficar preocupado...".

Mas a preocupação ficou conosco, menos um lugar na mesa, mais um nome na oração, como no verso de Quintana. E que nome! Não só o do grande escritor, que está no coração de todos nós e passará, por nós, aos corações de nossos filhos, nossos netos, e ainda será cultuado quando nossos corpos, e os corpos de nossos filhos, nossos netos, forem apenas pó. Para nós, jovens escritores de então, ficou também o nome do generoso e amado companheiro.

SOBRE O AUTOR

SERGIO FARACO nasceu em Alegrete, no Rio Grande do Sul, em 1940. Nos anos 60 viveu na União Soviética, tendo cursado o Instituto Internacional de Ciências Sociais, em Moscou. Mais tarde, no Brasil, bacharelou-se em Direito. Ao longo de sua carreira recebeu inúmeras distinções, destacando-se entre elas o Prêmio de Ficção da Academia Brasileira de Letras, em 1999. Em 2004, teve um de seus contos incluído na antologia *Os cem melhores contos brasileiros do século*, organizada por Ítalo Moriconi. Em 2008, participou com outro conto na antologia *Os melhores contos da América Latina*, organizada por Flávio Moreira da Costa, e no ano seguinte da antologia *Os melhores contos brasileiros de todos os tempos*, também organizada por Flávio Moreira da Costa. Seus contos foram publicados nos seguintes países: Alemanha, Argentina, Bulgária, Chile, Colômbia, Cuba, Estados Unidos, Itália, Luxemburgo, Paraguai, Portugal, Uruguai e Venezuela. Vive em Porto Alegre.

OBRAS PUBLICADAS*

Ficção
Idolatria, 1970
Depois da primeira morte, 1974
Hombre, 1978
Manilha de espadas, 1984
Noite de matar um homem, 1986
Doce paraíso, 1987
A dama do Bar Nevada, 1987

---

* A relação inclui apenas livros de contos, crônicas e memórias.

Majestic Hotel, 1991
Contos completos, 1995
Dançar tango em Porto Alegre, 1998
Rondas de escárnio e loucura, 2000
Contos completos, 2004. 2ª ed. ampliada.
Noite de matar um homem, 2008. 2ª ed. ampliada
Doce paraíso, 2008. 2ª ed. ampliada
Contos completos, 2011. 3ª ed. ampliada
A dama do Bar Nevada, 2011. 2ª ed. ampliada
Contos completos, 2018. 3ª ed., 1ª reimp.

Memória
Lágrimas na chuva: uma aventura na URSS, 2002

Crônicas
O chafariz dos turcos, 1990
A lua com sede, 1993
Viva o Alegrete: histórias da fronteira, 2001
Histórias dentro da história, 2005
O pão e a esfinge / Quintana e eu, 2008
Viva o Alegrete, 2015. 2ª ed. ampliada

PREMIAÇÕES

1988 – Prêmio Galeão Coutinho, conferido pela União Brasileira de Escritores ao livro *A dama do Bar Nevada*.

1994 – Prêmio Henrique Bertaso, conferido pelo Clube dos Editores do Rio Grande do Sul, Câmara Rio-Grandense do Livro e Associação Gaúcha de Escritores ao livro *A lua com sede*.

1995 – Prêmio Açorianos de Literatura – Crônica, conferido pela Secretaria Municipal de Cultura de Porto Alegre à coletânea *A cidade de perfil* (organizador).

1996 – Prêmio Açorianos de Literatura – Conto, conferido pela Secretaria Municipal de Cultura de Porto Alegre ao livro *Contos completos*.

1999 – Prêmio de Ficção, conferido pela Academia Brasileira de Letras ao livro *Dançar tango em Porto Alegre*.

2000 – Troféu Destaque Literário da 46ª Feira do Livro de Porto Alegre – Juri Oficial, conferido pela Rede Gaúcha SAT/RBS Rádio e Rádio CBN 1340 ao livro *Rondas de escárnio e loucura*.

2001 – Prêmio Açorianos de Literatura – Conto, conferido pela Secretaria Municipal de Cultura de Porto Alegre ao livro *Rondas de escárnio e loucura*.

2003 – Prêmio Erico Verissimo, outorgado pela Câmara Municipal de Porto Alegre pelo conjunto da obra; Prêmio Livro do Ano – Não Ficção, conferido pela Associação Gaúcha de Escritores ao livro *Lágrimas na chuva*; Livro do Ano – Não Ficção, atribuído pelo jornal *Zero Hora*, em sua retrospectiva do ano anterior, ao livro *Lágrimas na chuva*, que também foi eleito pelos internautas, no ClicRBS, como o Melhor Livro de 2002 no RS.

2004 – Prêmio Livro do Ano à reedição ampliada do livro *Contos completos* no evento O Sul e os Livros, promovido pelo jornal *O Sul*, TV Pampa e Supermercados Nacional.

2007 – Prêmio Fato Literário – Categoria Personalidade, atribuído pelo Grupo RBS de Comunicações; também o Prêmio Livro do Ano – Não Ficção, conferido pela Associação Gaúcha de Escritores ao livro *O crepúsculo da arrogância*.

2008 – Medalha de Porto Alegre, concedida pela Prefeitura de Porto Alegre.

2010 – Prêmio Joaquim Felizardo – Literatura, concedido pela Secretaria Municipal de Cultura de Porto Alegre pelo conjunto da obra.

2014 – Troféu Guri, concedido pela Rádio Gaúcha e pelo Grupo RBS a personalidades que promoveram o Rio Grande do Sul no Brasil e no exterior.

2016 – Prêmio Destaque Panvel em Cena – Personalidade do Ano, concedido pelo Grupo Dimed no marco do evento Porto Alegre em Cena.

2018 – Prêmio Açorianos de Literatura – Especial, conferido pela Secretaria Municipal de Cultura de Porto Alegre pelo conjunto da obra.

2020 – Patrono do Concurso Minuano de Literatura, promovido pelo Instituto Estadual do Livro do RS.

lepmeditores
www.lpm.com.br
o site que conta tudo

IMPRESSÃO:

PALLOTTI
GRÁFICA

Santa Maria - RS | Fone: (55) 3220.4500
www.graficapallotti.com.br